10 X

10 X

A regra que faz a diferença entre o sucesso x fracasso

Grant Cardone

Tradução: Thais Iannarelli

Rio de Janeiro, 2019

10 X - A Regra que faz a diferença entre o sucesso x fracasso
Copyright © 2019 da Starlin Alta Editora e Consultoria Eireli. ISBN: 978-85-508-0728-7

Revisão
Bárbara Manholetti

Tradução
Thais Iannarelli

Capa
Adriana Melo

Produção Editorial
Produção Editorial: Editora Livros de Safra - CNPJ: 06.002.648/0001-83

Dados Internacionais de Catalogação na Publicação (CIP)

Cardone, Grant
10X: a regra que faz a diferença entre o sucesso x fracasso / Grant Cardone; [tradução Thais Iannarelli]. - Rio de Janeiro: Alta Books, 2019.

Título original: The 10x rule : the only difference between success and failure.
Bibliografia

1. Sucesso 2. Sucesso em negócios I. Título.

12-01339. CDD: 650.1

Índices para catálogo sistemático:

1. Sucesso em negócios : Administração 650.1

Rua Viúva Cláudio, 291 — Bairro Industrial do Jacaré
CEP: 20.970-031 — Rio de Janeiro (RJ)
Tels.: (21) 3278-8069 / 3278-8419
www.altabooks.com.br — altabooks@altabooks.com.br
www.facebook.com/altabooks — www.instagram.com/altabooks

"Qualquer um que sugira que eu faça menos ou não é
um amigo verdadeiro ou está muito confuso!"

Grant Cardone

Sumário

Introdução

Ao pegar este livro, você provavelmente pensou: o que exatamente é a Regra 10X? E como ela pode me ajudar?

A Regra 10X é o Santo Graal para aqueles que buscam o sucesso. Falando sério, se há um modelo de sucesso, é este! A Regra 10X estabelece níveis de ação e pensamento que levam ao sucesso e garantem que você continue operando nesses níveis por toda sua vida e carreira. A Regra 10X pode até acabar com seus medos, potencializar sua coragem e fé em si mesmo, eliminar a procrastinação e inseguranças, além de dar um senso de realização que vai revitalizar sua vida, seus sonhos e seus objetivos.

A Regra 10X é o único princípio utilizado pelos maiores realizadores nas áreas mais prósperas de suas vidas. Independentemente de como você defina o sucesso, este livro vai mostrar como mantê-lo – com qualquer sonho e em qualquer economia. A primeira atitude a ser tomada é elevar seu pensamento a 10X e promover suas ações a proporções maiores. Vou demonstrar como elevar os seus pensamentos e ações a 10X pode facilitar a sua vida e torná-la mais agradável; além de lhe dar mais tempo. Após ter me dedicado tanto ao estudo do sucesso, acredito que a Regra 10X seja o único ingrediente que todas as pessoas bem-sucedidas conhecem e utilizam para criar a vida que desejam. A Regra 10X vai mostrar como estabelecer os objetivos certos, estimar o esforço necessário, discernir como gerenciar seus projetos com a linha de pensamento adequada e, então, determinar exatamente a quantidade de ações a serem tomadas. Você verá porque o sucesso é garantido quando se opera nos parâmetros da Regra 10X e finalmente entender o motivo pelo qual a maioria das pessoas nunca atinge o sucesso. Você vai descobrir o erro que elas cometem ao estabelecer metas que, quando definidas, podem destruir qualquer chance de os objetivos se tornarem realidade. Você também vai aprender como descobrir a quantidade necessária de esforço para atingir qualquer objetivo – independentemente do tamanho dele. Finalmente, vou demonstrar como operar em níveis 10X pode se transformar em hábito e disciplina. E, acredite, quando fizer isso, o sucesso não será só garantido; continuará a perpetuar-se, literalmente gerando mais – e contínuos – triunfos.

A Regra 10X é uma disciplina, e não uma educação, dom, talento ou sorte. Não requer uma personalidade diferenciada; está disponível para qualquer um que esteja disposto a aplicá-la. A Regra 10X não custa nada e pode trazer tudo o que você sempre quis. É a forma como indivíduos e organizações devem enxergar a criação e a manutenção de todas as metas. Vou mostrar como fazer da Regra 10X um estilo de vida e torná-la a única maneira de gerenciar projetos. Fará com que você se destaque em meio aos colegas e no meio em que trabalha. Os outros vão considerá-lo quase um "super-homem", extraordinário em suas ações e no comprometimento com o sucesso. Você será visto como exemplo – não apenas em termos de conquistas profissionais, mas em relação à vida como um todo.

A Regra 10X simplifica e desmitifica o fenômeno do que é o sucesso e do que é preciso para alcançá-lo. Pessoalmente, o maior erro que cometi foi não ter estabelecido meus objetivos alto o suficiente – tanto pessoal quanto profissionalmente. A mesma quantidade de energia é necessária para manter um casamento excelente e um mediano; assim como a mesma energia é necessária para conseguir US$ 10 milhões e R$ 10 mil. Parece uma loucura? Não é. E você verá quando começar a operar em níveis 10X. Seus objetivos vão mudar e suas atitudes finalmente serão um reflexo do que você realmente é e do que é capaz de fazer. Você passará a ter iniciativas, seguidas de mais atitudes – e vai alcançar o que pretendia, independentemente das condições e situações que enfrentar. O fato que mais contribuiu para o meu sucesso foram as ações com a Regra 10X.

Esses conceitos sobre estabelecimento de metas, manutenção de objetivos e tomada de iniciativas não são ensinados nas escolas nem em aulas de gerenciamento, treinamentos sobre liderança ou em conferências. Não há fórmula – pelo menos não encontrei nada em nenhum livro – que determine como estimar o esforço. Converse com qualquer CEO ou empreendedor e ele, ou ela, vai lhe dizer que níveis suficientes de motivação, ética e *follow-up* estão em falta hoje.

Seja o objetivo melhorar as condições sociais do planeta ou construir a empresa mais lucrativa do mundo, você precisará usar o pensamento e as ações elevados a 10X para chegar lá. Não se trata de educação, talento, contatos, personalidade, sorte, dinheiro ou tecnologia; nem de estar no ramo certo, no lugar certo, na hora certa. Em todos os casos em que alguém alcançou altos níveis de sucesso – seja um filantropo, empreendedor, político, agente, atleta ou produtor de filmes –, garanto que ele, ou ela, estava trabalhando com a Regra 10X durante sua ascensão e a manutenção do sucesso.

Outro componente exigido para o sucesso é a capacidade de estimar o esforço necessário para você – e sua equipe – atingir uma meta. Usando o nível exato de esforço, garante-se que esses objetivos sejam alcançados. Todos sabem que é importante estabelecer objetivos; porém, muitos não conseguem fazê-lo, pois subestimam as atitudes necessárias para atingir esse objetivo. Estabelecer os objetivos corretos, estimar o esforço necessário e trabalhar com o nível adequado de ação (ou ações) são as únicas coisas que garantem o sucesso e que permitem que você passe por cima dos clichês, da competição, da resistência do cliente, dos desafios da economia, da aversão ao risco e até do medo de falhar. Tudo isso enquanto dá passos concretos em direção aos seus sonhos.

A Regra 10X garante o seu sucesso sem medir seu talento, educação, situação financeira, habilidades organizacionais, gerenciamento de equipe, o ramo em que está e a quantidade de sorte que tem. Deposite neste livro sua vida e seus sonhos e aprenderá a trabalhar em níveis mais altos do que jamais imaginou ser possível!

1

O QUE É A REGRA 10X?

A Regra 10X é aquela que garante a você tudo o que quer em uma escala bem maior do que jamais imaginou. Pode funcionar em todas as áreas de sua vida – espiritual, física, mental, emocional, familiar e financeira. A Regra 10X baseia-se na compreensão de quanto esforço e concentração são necessários para se obter sucesso. É provável que, se você olhar para trás, vai ver que subestimou muito as atitudes e as razões necessárias para fazer com que qualquer iniciativa resultasse em algo que pudesse ser chamado de sucesso. Eu mesmo, embora já tenha me dado bem na primeira parte da Regra 10X – analisando o nível de esforço necessário para atingir um objetivo –, não consegui me sair tão bem assim na segunda parte: ampliar meu pensamento para que ousasse sonhar com níveis antes inimagináveis. Vou discutir ambos os aspectos detalhadamente.

Tenho estudado o sucesso durante quase três décadas e descobri que, embora muitos concordem em relação ao estabelecimento de metas, disciplina, persistência, foco, gerenciamento de tempo, bons relacionamentos e *networking*, nunca entendi bem qual era aquela coisa capaz de realmente fazer a diferença. Perguntaram-me centenas de vezes, em seminários e entrevistas: "Qual é a qualidade, ação ou pensamento que assegura que a pessoa atinja um sucesso extraordinário?". Essa questão me forçou a refletir se havia algo em minha própria vida que tivesse feito a diferença: "Que algo especial eu fiz para causar uma grande diferença?". Não tenho nenhum gene diferente das outras pessoas, e certamente não tive sorte. Não estava ligado às pessoas certas e nem frequentei uma escola de alta classe. Então, o que me levou a ter sucesso?

Quando olho para trás, percebo uma característica consistente com qualquer sucesso que eu tenha atingido, que tem a ver com o fato de que sempre fazia 10 vezes mais a mesma coisa que os outros faziam. Para cada apresentação de vendas, ligação ou reunião que os outros fizessem, eu fazia 10 de cada. Quando comecei a adquirir propriedades, visitei 10 vezes mais propriedades do que podia comprar, e assim pude fazer ofertas para ter certeza de que poderia comprar o que queria pelo preço que desejava. Construí meus negócios por meio de muita ação. Este foi o fator determinante de qualquer sucesso que eu tenha tido. Eu era totalmente desconhecido quando abri minha primeira empresa, sem um plano de negócios. Tinha zero *know-how* ou contatos e minha única renda era gerada por novas vendas. Porém, pude criar um negócio viável e sólido somente por utilizar e operar com níveis de atividade muito além do que outros consideravam razoáveis. Eu fiz meu nome e, como resultado, literalmente mudei uma indústria.

Deixe-me esclarecer: não acho que tenha criado níveis extraordinários de sucesso e nem acredito que tenha atingido o máximo do meu potencial. Tenho consciência de que há pessoas que tiveram muito mais sucesso – ao menos financeiramente – do que eu. Embora eu não seja nenhum Warren Buffett, Steve Jobs ou um dos fundadores do Facebook ou do Google, criei muitas empresas do zero que me permitiram ter um estilo de vida agradável. Não atingi níveis extraordinários de sucesso financeiro porque violei a segunda parte da Regra 10X: o modo de pensar 10X.

Este é meu único arrependimento: falhei em gerenciar minha vida com o pensamento certo. Eu deveria ter me colocado objetivos 10 vezes maiores do que os que tinha sonhado no início. Mas, como você, estou trabalhando nisso agora – e ainda tenho alguns anos para corrigir essa situação.

Eu menciono a noção de criar "níveis extraordinários" de sucesso muitas vezes neste livro. Extraordinário, por definição, significa qualquer coisa além da esfera do que a maioria das pessoas normais pode fazer e alcançar. E é claro que essa definição depende de quem ou a que classe de sucesso você está se comparando. Antes que você diga: "Não preciso de níveis extraordinários de sucesso" ou "O sucesso não é tudo" ou "Só quero ser feliz" ou qualquer outra coisa que possa estar dizendo para si mesmo neste momento, entenda que para chegar ao próximo nível do que quer que esteja fazendo, precisa pensar e agir de modo muito diferente do que já fez antes. Não é possível chegar à próxima fase de um projeto sem pensar bastante, refletir mais e investir energia extra. Seus pensamentos e suas ações são os motivos pelos quais você está onde está agora. Portanto, é razoável suspeitar de ambos!

Digamos que você tenha um emprego, mas não tenha economias, e queira aumentar sua renda mensal em R$ 1.000. Ou talvez você atualmente tenha R$ 20.000 no banco e queira bater a meta de R$ 1 milhão; ou sua empresa esteja faturando R$ 1 milhão por ano em vendas e você deseje que esse número chegue a R$ 100 milhões. Talvez você esteja procurando um emprego ou o parceiro ideal. Talvez precise perder 20 quilos. Embora esses objetivos estejam relacionados a diferentes áreas da sua vida, todos têm algo em comum: a pessoa que os deseja ainda não chegou lá. Cada uma dessas metas é valiosa e requer uma forma diferente de conceitos e ações para atingi-las. Todas podem ser consideradas extraordinárias, se forem além do que você conhece como mediano. Mesmo que não seja "excepcional" quando comparado ao que os outros procuram, o objetivo que você se coloca deve sempre levá-lo a um lugar melhor ou na direção de um objetivo ainda não atingido. Os outros podem ter uma opinião sobre o seu sucesso, mas só você pode decidir se ele é extraordinário. Só você conhece seu verdadeiro potencial, assim como sabe se está correspondendo bem a essa expectativa; ninguém mais pode julgar o seu sucesso. Lembre-se: o sucesso é o grau ou a medida no qual atingimos algum objeto ou fim desejado. Após ter chegado a esse objetivo, a questão: "é possível sustentar, multiplicar e repetir minhas ações para manter esse resultado?". Embora o sucesso possa descrever uma conquista, as pessoas não analisam o sucesso como algo que tenham feito, mas sim algo que esperam fazer. Uma coisa interessante sobre o sucesso é que ele se parece com um respiro: embora sua última inspiração seja importante, não é tão importante quanto a próxima.

Não importa quanto você já tenha alcançado, vai querer continuar fazendo conquistas no futuro. Se parar de tentar obter sucesso, será como tentar viver o resto da vida com um último suspiro. As coisas mudam; nada permanece igual, e para que as coisas se mantenham, elas requerem atenção e atitudes. Afinal, um casamento não pode se manter do amor que se sentiu no dia da cerimônia.

Mas as pessoas que têm muito sucesso – tanto profissional quanto pessoal – continuam a trabalhar, produzir e criar, mesmo depois de terem concretizado objetivos. O mundo assiste essas pessoas com deslumbre e confusão, fazendo perguntas como: "Por que continuam tentando?". A resposta é simples: pessoas muito bem-sucedidas sabem que devem continuar se esforçando para que alcancem novas conquistas. Quando a busca por um objeto de desejo ou objetivo acaba, o ciclo do sucesso também o faz.

Alguém me disse recentemente: "É óbvio que você tem dinheiro suficiente para viver confortavelmente; por que continua indo atrás de outras coisas?". Porque sou obcecado pelo próximo respiro de conquista.

Sou compulsivo por deixar um legado e uma pegada positiva no planeta. Fico muito infeliz quando não conquisto e muito feliz quando tento explorar o máximo do meu potencial e das minhas capacidades. Meu desapontamento com a situação que estou vivendo neste momento não significa que tenha algo errado comigo, mas sim que algo está certo. Acredito que seja minha obrigação ética gerar sucesso para mim, minha família, minha empresa e meu futuro. Ninguém pode me convencer de que há algo errado com meu desejo de atingir novos níveis de sucesso. Deveria estar feliz com o amor que tinha pelos meus filhos e esposa ontem ou devo continuar cultivando esse amor e distribuindo-o cada vez mais, hoje e amanhã? A realidade é que muitas pessoas não têm o que quer que chamem de sucesso; muitas querem algo mais em pelo menos uma área de suas vidas. De fato, essas pessoas devem ler este livro – os insatisfeitos que querem algo mais. E, realmente, quem não quer mais: relacionamentos melhores, tempo de qualidade com os que amam, experiências marcantes, um melhor nível de saúde e boa forma, energia, conhecimento espiritual e a habilidade para contribuir para o bem da sociedade? Comum a todos esses itens é o desejo de melhorar, e é por essas qualidades que muitas pessoas medem o sucesso. Independentemente do que você queira fazer ou ser – seja perder 5 quilos, escrever um livro ou ser um bilionário –, seu desejo de alcançar esses pontos é incrivelmente importante para fazê-lo. Cada um desses objetivos é vital para sua sobrevivência futura porque indicam seu potencial. Independentemente da meta que tente atingir, será convidado a pensar diferente, a alcançar um alto nível de comprometimento e agir muito, a níveis 10 vezes maiores do que você considera necessário – e depois, mais ações. Quase todos os problemas que as pessoas enfrentam em suas carreiras e outros aspectos da vida – como dietas e casamentos que não deram certo e problemas financeiros – são resultado de ações insuficientes.

Então, antes de dizer a você mesmo pela milésima vez: "Eu seria muito feliz se..." ou "Eu não quero ser rico, só ter uma vida confortável" ou "Eu só quero o suficiente para ser feliz", deve entender um ponto vital: limitar a quantidade de sucesso que se deseja significa violar a Regra 10X em todos os sentidos. Quando as pessoas começam a limitar o sucesso que desejam, garanto que tendem a limitar o que será exigido delas para que alcancem o sucesso e também vão falhar em fazer o necessário para mantê-lo.

É este o foco da Regra 10X: você deve colocar objetivos que sejam 10 vezes maiores do que você acha que devem ser e, assim, fazer 10 vezes mais o que acha que deve ser feito para alcançá-los. Pensamentos potencializados devem ser seguidos de ações também potencializadas. Não há nada demais na Regra 10X. É simplesmente o que o nome diz: 10 vezes os pensamentos e 10 vezes as ações que outras pessoas realizam. A Regra 10X diz respeito à pura mentalidade da dominação. Você nunca faz o que os outros fazem. Você deve estar disposto a fazer o que eles não fazem e até tomar atitudes que possa considerar "absurdas". Essa mentalidade da dominação não significa controlar os outros, mas sim ser um modelo para as ações e pensamentos alheios. Seus objetivos e deveres devem servir de medidas pelas quais as pessoas possam medir a si mesmas. Pessoas 10X nunca se aproximam de um alvo procurando alcançar somente um objetivo. Ao contrário, procuram dominar o setor inteiro – e tomam atitudes absurdas para tal. Se você começar qualquer tarefa com foco em um resultado limitado, vai limitar também as ações necessárias para alcançar este mesmo objetivo.

A seguir, uma série de erros básicos que as pessoas cometem ao estipular metas:

1. Errar o alvo ao colocar objetivos que são muito simples e não trazem a motivação adequada.

2. Subestimar o que será necessário em termos de ações, recursos, dinheiro e energia para alcançar o objetivo.
3. Passar muito tempo competindo e pouco tempo dominando seu setor.
4. Subestimar a quantidade de adversidades a serem superadas para realmente alcançar o objetivo desejado.

A crise imobiliária que a América enfrenta atualmente é um exemplo perfeito dessa sequência de erros. Aqueles que foram vítimas dessa situação erraram o alvo, subestimando quantidades necessárias de ações e focando muito em serem competitivos ao invés de criarem uma situação que pudesse torná-los resistentes a esses empecilhos inesperados. As pessoas estavam operando com uma mentalidade de bando – com base na competição, não na dominação – durante o *boom* imobiliário. Pensaram em termos de "tenho de fazer o que meu colega/vizinho/parente está fazendo", em vez de "tenho de fazer o melhor para mim".

Apesar do que muitos dizem (ou querem acreditar), a verdade é que todos aqueles que tiveram uma experiência negativa em relação ao colapso imobiliário e à crise não estabeleceram seus objetivos adequadamente para a sobrevivência. O número de processos impactou o valor dos imóveis das pessoas no país. E quando o mercado imobiliário quebrou, tudo teve um impacto negativo, afetando até aqueles que não estavam envolvidos com o assunto. O desemprego de repente dobrou, e depois triplicou. Como resultado, as indústrias ficaram desajustadas, empresas fecharam e as economias das pessoas desapareceram. Nem o mais bem-sucedido dos investidores sabe julgar a saúde financeira necessária para lidar com esse tipo de tempestade. Você pode culpar os bancos, o governo, os corretores, o prazo, o azar ou até Deus, mas a realidade é que todos (inclusive eu!), assim como inúmeros bancos, empresas e até indústrias inteiras, falharam em avaliar a situação adequadamente.

Quando as pessoas não colocam seus objetivos na perspectiva 10X – e, assim, não operam em níveis 10X –, ficam suscetíveis ao fenômeno "fique-rico-rapidamente" e às mudanças inesperadas do mercado. Se você tivesse se preocupado com suas próprias ações – com o objetivo de dominar o setor –, provavelmente não teria caído em nenhuma dessas tentações. Sei disso porque aconteceu comigo. Eu mesmo me vi nessa situação, pois não havia definido meus objetivos adequadamente em níveis 10X e fiquei suscetível à ação de alguém. Essa pessoa se aproximou, ganhou minha confiança e afirmou que me daria dinheiro se eu unisse minhas forças às dele e de sua empresa. Como eu não tinha muita confiança em mim mesmo, fui levado. E ele me prejudicou – e muito. Se tivesse definido meus objetivos com mais clareza, teria ficado tão preocupado em fazer o necessário para alcançá-los que nem teria tempo de conhecer esse canalha.

Se olhar ao seu redor, verá que a humanidade, de maneira geral, tende a estipular objetivos fáceis. Muitas pessoas, na verdade, foram programadas para estipular metas que elas sequer projetaram. Somos ensinados sobre o que se considera "muito dinheiro" – o que é ser rico, pobre ou da classe média. Pré-determinamos noções sobre o que é justo, difícil, possível, ético, bom, ruim, feio, gostoso, bonito e assim por diante. Então, não pense que, ao estipular objetivos, você não será influenciado por esses parâmetros preestabelecidos também.

Qualquer objetivo estipulado será difícil de atingir e você certamente ficará desapontado em alguns momentos. Então, por que não estipular objetivos bem mais complicados do que o que você considerava difícil no início? Se o esforço, a energia e a persistência serão exigidos, então por que não exercer 10 vezes mais de cada um? E se você estiver subestimando suas habilidades?

Ah, você deve estar protestando – mas e a desilusão que temos ao estipular objetivos irreais? Pare um momento para analisar a história, ou – até melhor – simplesmente olhe para trás na sua própria vida. É provável que você tenha se decepcionado com mais frequência por colocar objetivos muito fáceis e alcançá-los, somente para se surpreender com o fato de que ainda não alcançou o que queria. Segundo outra escola de pensamento, você não deve estipular objetivos "irreais" porque eles podem fazer com que você desista ao perceber que não pode alcançá-los.

Mas quase alcançar um objetivo 10X maior não seria mais recompensador do que quase alcançar um décimo desse objetivo? Digamos que meu objetivo original era arrecadar U$ 100.000, e aí mudei para U$ 1 milhão. Quais desses objetivos você gostaria de "quase alcançar"? Algumas pessoas dizem que expectativas causam infelicidade. Porém, posso garantir, por experiência própria, que você vai sofrer muito mais por estipular metas muito simples. Simplesmente não vai investir a energia, o esforço e os recursos necessários para acomodar variáveis e condições inesperadas que certamente vão ocorrer em algum momento durante o projeto ou evento.

Por que passar a vida com dinheiro suficiente para terminar sem dinheiro suficiente? Por que ir à academia só uma vez por semana, somente para ficar com dores e nunca perceber sequer uma mudança em seu corpo? Por que ser apenas "bom" em alguma coisa quando você sabe que o mercado exige excelência? Por que trabalhar oito horas por dia em um lugar que ninguém o reconhece enquanto você poderia ser um *superstar* ou até dono do seu próprio negócio? Todos esses exemplos requerem energia. Só os objetivos 10X maiores realmente valem à pena!

Então, vamos voltar à definição de sucesso – um termo que a maioria das pessoas nunca pesquisou e nem sequer estudou. O que realmente significa ter sucesso? Na Idade Média, a palavra costumava se referir à pessoa que ocupava o trono. A palavra derivou do latim *succeder* (isso sim é o verdadeiro poder!). "Ter sucesso" literalmente significa "dar certo ou alcançar um objeto ou fim desejado". O sucesso, então, é uma acumulação de eventos que dão certo ou resultados desejados alcançados.

Pense da seguinte maneira: você não consideraria que teve sucesso em uma dieta se perdesse 5 quilos e ganhasse 6. Em outras palavras, você deve conseguir manter o sucesso, e não só alcançá-lo. Também precisa querer melhorar com aquele sucesso para garantir que poderá mantê-lo. Afinal, você pode cortar a grama uma vez e ter sucesso; mas ela vai crescer novamente. Deve-se, constantemente, manter o jardim em ordem para que continue sendo considerado um sucesso. Não se trata de alcançar um objetivo uma vez, mas sim do que conseguimos persistir em criar.

Antes que você comece a se preocupar por ter que trabalhar para sempre, garanto que isso não será necessário – isto é, não se você estipular os objetivos 10X maiores adequados desde o início. Converse com alguém que tenha um sucesso extraordinário em alguma área e essa pessoa irá dizer que sua atividade nunca pareceu um trabalho. Parece trabalho para a maioria das pessoas porque a recompensa não é substancial o suficiente, e não parece uma vitória adequada se não for "trabalho".

Seu foco deve estar no tipo de sucesso que se constrói em si mesmo – que se perpetua e não acontece uma só vez. Este livro trata de como criar uma conquista extraordinária, como assegurar que você a alcance e consiga mantê-la – e, então, como continuar criando novos níveis sem sentir que está trabalhando. Lembre-se: uma pessoa que limita seu próprio sucesso em potencial vai limitar o que ele, ou ela, pode fazer para criar e mantê-lo. É também importante ter em mente que o assunto "conquista" – em outras palavras, objetivo ou meta – não é tão importante quanto a vontade e as ações, obrigatórias para se alcançar os objetivos 10X maiores. Não importa qual seja sua meta: ser um palestrante profissional, um autor de best-seller, um CEO, um pai excepcional, um excelente professor, ter um casamento exemplar, estar em ótima forma ou produzir um filme que o mundo comente por gerações, será necessário se mover de onde está agora e se comprometer 10X mais com suas ações e pensamentos. Qualquer meta ou objetivo desejado sempre sugere algo que você ainda deve alcançar. Não importa o quanto já tenha atingido. Enquanto estiver vivo, ou viverá para alcançar seus próprios objetivos e sonhos ou será usado como recurso para alcançar os de alguém. De acordo com este livro, o sucesso pode também ser definido como dar o próximo passo em direção a algo que você deseja – e de maneiras que vão mudar para sempre sua percepção de si mesmo, de sua vida, do uso de sua energia, e – talvez, até de forma mais significativa – de como os outros percebem você.

A Regra 10X trata do que você tem de fazer e pensar para chegar a um ponto 10 vezes mais gratificante do que jamais imaginou. Esse nível de sucesso não pode ser atingido com níveis "normais" de pensamentos e ações. É por esse motivo que, mesmo quando a maioria desses objetivos é alcançada, normalmente não trazem tanto a sensação de realização. Casamentos, contas, peso, altura, negócios e produtos medianos são somente isso: medianos. Você está pronto para a aventura 10X?

Exercício

Quais são as duas partes da Regra 10X?

Quais são os quatro principais erros que as pessoas cometem ao estabelecer metas?

Por que é um problema estabelecer objetivos muito fáceis?

Você está pronto para 10X?

2

POR QUE A REGRA 10X É TÃO IMPORTANTE?

Antes de falar sobre a importância de se pensar e agir de acordo com a Regra 10X, vou contar um pouco da minha história. Em todos os projetos com os quais estive envolvido, subestimei o tempo, a energia, o dinheiro e o esforço que seriam necessários para chegar ao sucesso. Todo cliente que conquistava ou novo setor no qual me aventurava exigia 10 vezes mais correspondências, telefonemas, e-mails e contatos do que eu havia previsto. Até convencer minha esposa a namorar comigo, e depois casar, exigiu 10 vezes mais esforço e energia do que eu tinha calculado (mas valeu cada minuto!).

Mesmo que seu produto, serviço ou proposta sejam superiores, garanto que sempre vai surgir algo que você não previu ou planejou. Mudanças econômicas, assuntos legais, competição, resistência à mudança, produtos muito diferentes, bancos congelando o crédito, incerteza do mercado, mudanças na tecnologia, problemas pessoais... Novos problemas pessoais, eleições, guerras – esses são apenas alguns dos possíveis "eventos inesperados". Não digo isso para assustá-lo, mas sim para prepará-lo para o ambiente onde estão as maiores oportunidades. Pensar e agir 10X é essencial; é a única coisa que pode ajudá-lo a superar esses eventos.

Só ter dinheiro não resolverá. Ele pode ajudar, mas não fará o trabalho por você. Se ingressar em qualquer batalha sem as tropas, a munição, a energia e os recursos necessários, você voltará para casa derrotado. É simples assim. Não adianta ocupar um território: você precisa mantê-lo.

Abri meu primeiro negócio aos 29 anos. Muitos não abrem seus negócios porque não querem investir os recursos necessários. Eu estava preparado para isso – ou pensei que estava – e previ que precisaria de três meses para voltar ao nível de renda que tinha no antigo emprego. Bem, demorou quase três anos para que meu negócio me rendesse o mesmo que recebia no antigo trabalho. Isso significa 12 vezes mais tempo do que eu esperava. E eu quase desisti depois de três meses – não por causa do dinheiro, mas devido à resistência e à desilusão que estava vivenciando.

Eu tinha uma lista bem específica de motivos pelos quais minha empresa não funcionaria. Fiz essa lista na tentativa de me convencer a desistir. Eu estava mais do que decepcionado; estava chateado e destruído. Literalmente cheguei a dizer a um amigo: "Não posso mais continuar. Cansei". Criei mil razões para as coisas não estarem funcionando: os clientes não tinham dinheiro, a economia estava péssima, a hora tinha sido errada, eu era muito novo, meus clientes não entendiam, as pessoas não queriam mudar, eu era péssimo, eles também – e assim por diante. Por fim, percebi – depois de passar muito tempo tentando descobrir por que as coisas não estavam dando certo – que era bem possível que eu não estivesse enxergando a resposta certa. Nunca considerei que eu tivesse somente feito estimativas erradas em relação ao que seria necessário para inserir um novo produto no mercado no início do processo. Tinha apresentado uma nova ideia, sim, mas não era uma ideia que alguém tivesse solicitado. Eu tinha recursos limitados. Então, não pude contratar pessoas e nem fazer publicidade – o que foi um azar, porque ninguém conhecia nem a mim, nem a minha empresa.

Eu não sabia o que estava fazendo e não queria ligar para outras empresas. Se tinha que dar certo, teria que depender da minha capacidade de potencializar meus esforços, e não das minhas desculpas. Assim que parei de calcular os motivos errados, comprometi-me a fazer esse trabalho aumentando meus esforços em 10 vezes. E, assim que comecei, tudo mudou – imediatamente. Voltei ao mercado com a estimativa correta do esforço e passei a ver resultados. Em vez de fazer uma ou duas ligações por dia, passei a fazer de 20 a 30. Quando elevei meu comprometimento total e alinhei os níveis corretos de ação e pensamento, o mercado começou a responder. Ainda era difícil e às vezes eu ficava decepcionado. Mas eu tinha quatro vezes mais resultados fazendo 10 vezes o esforço.

Quando você subestima o tempo, a energia e os esforços necessários para fazer alguma coisa, terá o "desistir" estampado na sua mente, voz, postura, rosto e apresentação. Não vai desenvolver a persistência necessária para cumprir sua missão. Porém, ao estimar corretamente o esforço que será necessário, assume a postura adequada. O mercado vai sentir, pelas suas ações, que sua força deve ser levada em consideração e começará a responder de acordo com isso.

Conversei com milhares de indivíduos e empresas nos últimos 20 anos e nunca vi nenhum deles estimar corretamente o esforço e o pensamento. Fosse para construir uma casa, arrecadar fundos, entrar num processo legal, conseguir um emprego, vender um novo produto, aprender uma nova função, ser promovido, fazer um filme ou encontrar o parceiro ideal para a vida. Sempre exigiu-se mais do que a pessoa havia calculado. Ainda estou para conhecer alguém que diga que qualquer uma dessas coisas tenha sido fácil. Alcançar esses objetivos pode parecer fácil para aqueles que olham de fora, mas quem já passou por isso e sabe o que foi necessário para alcançá-los nunca diria isso.

Quando você não calcula bem os esforços que precisa fazer para que algo aconteça, fica visivelmente decepcionado e desencorajado. Isso faz com que identifique o problema incorretamente e, cedo ou tarde, aceite que o objetivo é inalcançável. A primeira reação da maioria das pessoas – incluindo gerentes – é reduzir o objetivo, ao invés de aumentar a atividade. Já vi gerentes de vendas em organizações fazerem isso com suas equipes durante anos. Eles estabelecem uma cota ou uma meta no começo do semestre e, no meio do caminho, percebem que não vão atingi-la. Então, fazem uma reunião e reduzem o objetivo para um número mais real, com a ideia de que a equipe fique motivada e tenha mais chances de sucesso.

Este grande erro não deveria nem ser considerado uma opção. Envia a mensagem errada à organização de que metas não são importantes e que a única forma de ter sucesso é mudar a linha de chegada. Um ótimo gerente encoraja as pessoas a fazerem mais correndo o risco de sofrer perdas e não reduzindo as metas. Essa ideia de mudar as metas para que todos se sintam bem no futuro leva ao enfraquecimento da moral, esperança, expectativas e habilidades. E todos vão passar a listar motivos – conhecidos como desculpas – pelos quais a equipe não atingiu suas metas. Nunca diminua uma meta. Pelo contrário, potencialize as ações. Quando você passa a repensar seus objetivos, inventar desculpas e livrar-se de responsabilidades, está desistindo dos seus sonhos! Essas atitudes indicam que você está desviando-se do caminho e que deveria começar a pensar para corrigir sua estimativa inicial de esforço.

Segundo a Regra 10X, a meta nunca é o problema. Qualquer meta analisada com as atitudes corretas, na quantidade certa e com persistência é alcançável. Mesmo que eu queira visitar outro planeta, devo acreditar que as atitudes corretas tomadas nas quantidades certas durante o tempo necessário me levarão a essa realização. Quando as pessoas medem as ações de forma inadequada, inevitavelmente começam a racionalizar. A humanidade parece ter essa calculadora automática que visa explicar como evitar uma falha. O problema é que os cálculos mais utilizados sempre parecem almejar algo além do nível de atividade. Esse cálculo tende a ser mais emocional do que lógico e julga como deficientes o projeto, o cliente, a economia e o indivíduo para justificar por que as coisas não funcionam. Isso provavelmente se deve ao falso conteúdo inserido nos cálculos pela mídia, pelo sistema educacional e pela forma como somos criados – desculpas como "o mercado não está pronto", "a economia vai mal", "isso não é atrativo", "não nasci para isso", "nossas metas são irreais" e assim por diante. Mas frequentemente é tão simples quanto "você não avaliou corretamente a quantidade de ações a serem tomadas". Independente do *timing*, da economia, do produto ou da proporção do seu empreendimento, as atitudes tomadas na medida certa com o tempo vão trazer sucesso.

Posso garantir pela experiência – após 30 anos construindo empresas e trazendo novos produtos e ideias para o mercado – que sempre haverá algo imprevisível, independentemente do nível de detalhes do seu plano de negócios. Não interessa se seu produto não custe nada para ser feito, nem que seja 100 vezes melhor que o do seu maior concorrente: você terá de aplicar 10X mais esforços para passar pelas turbulências e fazer com que as pessoas o conheçam. Considere que todo projeto que você iniciar vai requerer mais tempo, dinheiro, energia, esforços e pessoas do que possa imaginar. Multiplique cada expectativa que tiver por 10 e provavelmente estará seguro. E se não forem necessárias 10 vezes mais do que o previsto, ótimo. É melhor ser positivamente surpreendido do que ficar extremamente decepcionado.

Se quiser economizar tempo para que sua ideia ou produto seja inserido no mercado, então tem de fazer 10 vezes mais de todos os itens para que esteja em mais lugares, com mais pessoas, em menos tempo. Por exemplo, se no seu planejamento uma pessoa teria de apoiar a ideia, planeje, então, que 10 pessoas o façam para reduzir o tempo necessário. Mas lembre-se: conseguir 10 vezes mais pessoas requer 10 vezes mais dinheiro; e alguém terá de gerenciar esse pessoal. Parâmetros 10X dão espaço a diversas variáveis não-planejadas que podem aparecer durante um projeto: problemas com funcionários, processos, mudanças na economia, eventos nacionais ou globais, competição, doença e assim por diante. Adicione a essa lista qualquer resistência do mercado aos seus projetos, demissões, mudanças na tecnologia e muitos outros eventos em potencial.

Por algum motivo, pessoas que desenvolvem uma ideia sobre algo que querem inserir no mercado tendem a ter um senso de otimismo que costuma levá-los a julgar erroneamente o que será necessário para concluir seu projeto. Ainda que o entusiasmo por qualquer projeto seja claramente importante, você não pode se esquecer de um fato: seus clientes em potencial não estão empolgados com esse projeto, pois nem o conhecem ainda. O mercado provavelmente ainda está começando a entender essa noção. Então, também existe a possibilidade da apatia. Ou seja, de que não exista nenhum interesse sobre ele.

Não estou aconselhando que você seja pessimista, mas esteja preparado. Inicie seu projeto com a Regra 10X – de verdade. Gerencie todas as ações como se existisse uma câmera registrando todos os passos. Finja que está sendo gravado e que essa gravação será um modelo para seus filhos e netos sobre como ter sucesso na vida. Encare tudo com a ferocidade de um atleta campeão que tem a última chance de entrar para a história. E lembre-se sempre de concluir: este é o grande denominador comum de todos os vencedores. Eles enxergam toda ação até o final. Não invente desculpas nem tenha uma atitude "só-penso-em-mim-mesmo". Enxergue todas as situações com o pensamento "entrei-nessa-para-vencer-de-qualquer-maneira". Soa muito agressivo? Desculpe, mas esse é o comportamento exigido para vencer atualmente. Sei que provavelmente você já escutou isso, mas o sucesso não simplesmente "acontece". É o resultado de atitudes persistentes e adequadas tomadas com o tempo. Somente aqueles que trabalham com a visão apropriada e ações que correspondam a ela terão sucesso. A sorte certamente faz parte, mas qualquer um que estiver "com sorte" dirá que ela é diretamente proporcional às suas ações. Quanto mais atitudes tomar, maiores as chances de se tornar um "sortudo".

Exercício

Qual é a primeira reação da maioria das pessoas – incluindo gerentes – quando não atingem seus objetivos?

____
____
____
____
____
____
____

Quando você começa a inventar desculpas por não atingir suas metas, o que isso deve lhe mostrar?

____
____
____
____
____
____
____
____
____

Preencha os espaços em branco. Segundo a Regra 10X, a meta nunca é ____________________. Qualquer meta com as atitudes corretas, na ____________________ certa com persistência é ____________________?

3

O QUE É O SUCESSO?

Sei que já utilizei o termo sucesso várias vezes. Mas vamos esclarecer o que realmente significa. Provavelmente tem um significado para você e outro para mim. A definição realmente depende do momento em que a pessoa está na vida ou no que sua atenção está focada. O sucesso na infância significa receber a mesada pela primeira vez ou ficar acordado até tarde. Mas isso não é interessante alguns anos mais tarde, quando o sucesso, para o adolescente, é ter seu próprio quarto, celular ou a liberdade de poder chegar mais tarde em casa. O sucesso aos 20 anos significa mobiliar seu primeiro apartamento e ser promovido pela primeira vez. Mais tarde, pode ser o casamento, filhos, mais promoções, viagens, mais dinheiro. Conforme sua idade e condições mudam, as formas como você define o sucesso também se alteram. Quando for muito mais velho, provavelmente verá o sucesso na boa saúde, na família, nos netos, em seu legado e na forma como será lembrado. Onde você está na vida, as situações que está enfrentando, eventos e pessoas nos quais sua atenção está focada influenciam sua definição de sucesso. Ele pode ser encontrado em diversas áreas de interesse – financeira, espiritual, física, mental, emocional, filantrópica, comunitária ou familiar. Entretanto, onde quer que seja, as coisas mais importantes para se saber sobre o sucesso – para obtê-lo e mantê-lo – são as seguintes:

1. Sucesso é importante.
2. Sucesso é seu dever.
3. Não há falta de sucesso.

Vou discutir o primeiro ponto neste capítulo e os outros dois nos próximos.

O Sucesso É Importante

Independentemente da cultura, raça, religião, histórico econômico ou grupo social, a maioria das pessoas concorda que o sucesso é essencial para o bem-estar do indivíduo, da unidade familiar e do grupo – e certamente para a futura sobrevivência de todos esses itens. O sucesso traz confiança, segurança, senso de conforto e a capacidade de contribuir mais, com esperança e liderança, no que for possível. Sem isso, você, seu grupo, empresa, objetivos, sonhos e até a civilização como um todo não sobreviveriam e nem se desenvolveriam.

Pense no sucesso como expansão. Sem o crescimento contínuo, qualquer entidade – seja uma corporação, um sonho ou até uma raça inteira – deixaria de existir. A História é cheia de exemplos que demonstram a ideia de que o desastre acontece quando a expansão não tem continuidade. Podemos falar dos Vikings, de Roma e da Grécia Antigas, da Rússia comunista e de uma longa lista de produtos e empresas. O sucesso é necessário para perpetuar pessoas, lugares e coisas.

Você não deve reduzir o sucesso a algo que não importa em seu pensamento ou em uma conversa. Pelo contrário, ele é vital! Qualquer um que minimize a importância dele para seu futuro desistiu de suas chances de conquista e passará a vida tentando convencer os outros a fazer o mesmo. Pessoas e grupos devem conquistar suas metas e objetivos ativamente para seguir em frente. Se não, deixarão de existir ou serão consumidos, tornando-se parte de outra coisa. Empresas e indústrias que queiram manter seu status devem ter êxito ao criar produtos, em inserir esses produtos no mercado, ao manter clientes, funcionários e investidores felizes e em repetir este ciclo diversas vezes.

Há muitos ditados "bonitinhos" que parecem não expressar a importância do sucesso, como: "Sucesso é uma jornada, não um destino". Por favor! Quando ocorrem terríveis crises na economia, todos rapidamente percebem que não podem comer ou pagar as contas com ditados bonitinhos. Os eventos econômicos dos últimos anos deveriam ter tornado óbvio o fato de que nós subestimamos a importância do sucesso e de como ele é importante para nossa sobrevivência. Não basta jogar o jogo, é importante aprender a ganhá-lo. Ganhar – várias vezes – em tudo no que se envolve garante que você consiga expandir cada vez mais. E isso garante que tanto você quanto suas ideias sobrevivam no futuro.

O sucesso é igualmente importante para o autoconhecimento. Promove confiança, imaginação e um senso de segurança, além de enfatizar a importância de se contribuir. Pessoas que não conseguem dar condições para suas famílias e seus futuros colocam si próprias e suas famílias em risco. Aqueles que não têm sucesso não têm acesso a bens e serviços. Isso pode frear a economia e diminuir os juros, o que vai impactar negativamente os fundos para escolas, hospitais e serviços públicos. Agora, alguns dirão: "Mas o sucesso não é tudo", e não é mesmo. Ainda assim, sempre me pergunto o que querem dizer com essa afirmação. Quando dou palestras e alguém me diz isso, sempre respondo perguntando algo como: "Você está tentando diminuir a importância de algo que não conseguiu alcançar?".

Caia na real! Independentemente dos objetivos que queira atingir, o sucesso é absolutamente importante. Quando você para de se importar, então desistiu de vencer. Desista de vencer tempo o suficiente e apenas desista de uma vez! As crianças se beneficiam ao ver seus pais perdendo ou desistindo? Alguém se beneficia quando você não consegue vender sua arte, quando não consegue publicar aquele ótimo livro ou não pode alavancar aquela grande ideia de que pode melhorar tudo o que vem pela frente? Ninguém vai se beneficiar do seu fracasso. Porém, se você pudesse reverter a situação e alcançar seus objetivos e sonhos, seria extraordinário.

Exercício

Quais são alguns ditados "bonitinhos" que já ouviu sobre o sucesso que diminuem sua importância?

____

____

____

____

Como o sucesso é importante para você e como ele poderia melhorar sua vida?

____

____

____

____

____

____

4

O SUCESSO É SUA OBRIGAÇÃO

Um dos momentos decisivos da minha vida aconteceu quando casualmente parei de esperar pelo sucesso e passei a enxergá-lo como obrigação, dever e responsabilidade. Literalmente, comecei a ver o sucesso como uma questão ética – devia isso à minha família, à empresa e ao futuro – em vez de enxergá-lo como algo que podia ou não acontecer comigo. Passei 17 anos estudando-o para me preparar para o mundo e nenhum dos cursos era sobre o sucesso. Nunca ninguém me falou sobre a importância do sucesso, e muito menos sobre o que eu devia fazer para conquistá-lo. Impressionante! Anos de estudo, informação, centenas de livros, tempo gasto em aulas, dinheiro e ainda assim não via um objetivo.

Porém, tive a sorte de ter duas experiências distintas na minha vida que me fizeram acordar. Minha existência e sobrevivência estavam seriamente ameaçadas em ambos os casos. O primeiro aconteceu aos 25 anos. Minha vida estava uma bagunça devido a anos de atitudes sem propósito, vagando sem um foco. Não tinha dinheiro, muita certeza, nenhuma direção, muito tempo livre e ainda não tinha me comprometido a alcançar o sucesso como sendo uma obrigação. Se eu não tivesse percebido isso e passado a levar a vida a sério, não acho que estaria vivo hoje.

Sabe, não é preciso estar velho para morrer. Eu estava morrendo aos 20 anos como resultado de nenhuma direção ou propósito. Naquele tempo, não parava em nenhum emprego, estava rodeado de más influências e tinha perdido as esperanças. Se isso não fosse o suficiente, usava drogas e álcool diariamente. Se eu não tivesse acordado, teria vivido, no máximo, uma vida medíocre ou coisa pior. Se não tivesse me comprometido com uma vida de sucesso, não teria identificado meu objetivo e teria passado a vida atingindo objetivos alheios. A verdade é que há muitas pessoas que vivem meras existências, e eu devia saber disso. Naquela época da minha vida, eu atuava em vendas e tratava isso com desdém. Quando me comprometi com as vendas como carreira e decidi fazer o que fosse necessário para ter sucesso nisso, minha vida mudou.

Acordei pela segunda vez aos 50 anos, quando a economia estava passando pela maior crise desde a Grande Depressão. Literalmente, todos os aspectos da minha vida estavam em risco – assim como para bilhões de outras pessoas, empresas, indústrias e até economias inteiras. Do dia para a noite, ficou evidente que minha empresa não era tão forte no setor e que seu futuro estava em risco. Além disso, meu bem-estar financeiro também estava por um fio. O que os outros consideravam uma extrema saúde financeira estava agora também em perigo. Lembro-me de ligar a televisão um belo dia e ouvir as notícias sobre o crescimento do desemprego, a decadência da riqueza devido ao mercado de ações, as propriedades sendo tomadas, os bancos fechando e as empresas sendo salvas pelo governo. Percebi, então, que eu tinha colocado minha família, minhas empresas e a mim mesmo em uma situação precária, porque tinha começado a relaxar, não enxergava mais o sucesso como meu dever, obrigação e responsabilidade. Tinha perdido meu foco e o meu objetivo.

Nesses dois momentos cruciais da minha vida, acordei para o fato de que o sucesso é importante para se conquistar uma vida repleta.

No segundo caso, percebi que maiores quantidades de sucesso, além do que as pessoas calculam, são necessárias, e a contínua busca por ele deve ser vista não como uma escolha, mas como uma obrigação.

A maioria das pessoas vê o sucesso da mesma forma como eu o via antes de me comprometer com ele. Olham como se não importasse, como se fosse uma opção ou talvez algo que só aconteça com os outros. Algumas pessoas almejam "pouco" sucesso, acreditando que, se conseguirem isso, tudo dará certo.

Encarar o sucesso como uma opção é uma das principais razões pelas quais as pessoas não o criam para si mesmas – e também é por isso que elas não chegam nem perto de alcançarem seu potencial máximo. Pergunte-se: quanto falta para eu chegar ao máximo da minha capacidade? Talvez você não goste da resposta. Se você não achar que alcançar o máximo do seu potencial é uma obrigação, então simplesmente não o alcançará. Se para você isso não for uma questão ética, não se sentirá obrigado e motivado a desvendar suas capacidades. As pessoas não enxergam o sucesso como uma obrigação, como uma questão de vida-ou-morte – é-preciso-alcançá-lo – ou com a mentalidade de um "cachorro-faminto-na-caçamba-de-um-caminhão-cheio-de-carne". Elas passam o resto das vidas inventando desculpas para explicar por que não conseguiram. E é isso que acontece quando você vê o sucesso mais como alternativa do que como obrigação.

Na minha casa, consideramos que o sucesso é essencial para a sobrevivência da família. Minha esposa e eu concordamos nesse ponto. Reunimo-nos com frequência para falar sobre por que isso é tão importante e determinar exatamente o que temos de fazer para que os problemas secundários não nos atrapalhem. Não falo de ter sucesso em termos de dinheiro, mas em todas as áreas – nosso casamento, saúde, religião, contribuições à comunidade e futuro – mesmo para depois que morrermos.

Você precisa enxergar a noção de sucesso assim como os bons pais veem sua obrigação para com seus filhos: é uma honra, uma obrigação e uma prioridade. Bons pais fazem o que for preciso para cuidar de seus filhos. Acordam no meio da noite para alimentá-los, trabalham mais para vesti-los e colocar a comida na mesa, lutam por eles e até arriscam suas vidas para protegê-los. É dessa forma que você deve visualizar o sucesso.

Pare de mentir para si mesmo

Aqueles que não conseguem o que querem costumam criar justificativas – e até mentir para si próprios – para minimizar o valor que o sucesso tem para eles. É fácil ver essa tendência na nossa sociedade atual, em segmentos demográficos inteiros. Você pode ler isso em livros, ouvir sobre o tema ou ver propagandas na escola. Por exemplo, as crianças que não conseguem o que querem vão brigar por um tempo, chorar mais um pouco e depois ficarão convencidas de que nunca realmente quiseram aquilo. Não há nenhum problema em admitir que você não tenha conseguido algo que queria. Na verdade, essa é a única coisa que pode ajudá-lo a alcançar esse objetivo – apesar dos obstáculos a serem ultrapassados pelo caminho.

Até os mais sortudos e populares de nós têm de fazer algo para estar nos lugares certos e com as pessoas certas. Como mencionei em um capítulo anterior, a sorte é somente um dos componentes para aqueles que têm muita atitude. O motivo pelo qual pessoas de sucesso aparentam ser sortudas é que o sucesso naturalmente permite que atinjam mais sucesso. As pessoas criam seu próprio sucesso atingindo seus objetivos, o que as faz estabelecer – e, por fim, alcançar – objetivos até mais audaciosos. A menos que você seja um espião, não vê nem ouve falar da quantidade de vezes que as pessoas de sucesso tentaram e falharam.

Afinal, o mundo só presta atenção nelas quando estão ganhando. Coronel Sanders, que deu fama ao Kentucky Fried Chicken, tentou vender a ideia mais de 80 vezes antes que alguém acreditasse no conceito. Stallone escreveu o roteiro de Rocky em somente três dias e o filme arrecadou U$ 200 milhões. Porém, ao escrever, ele não tinha dinheiro, não podia comprar um aquecedor para seu apartamento e até teve que vender seu cachorro por U$ 50 para comprar comida. Riram da cara do Walt Disney quando ele teve a ideia de criar um parque de diversões, e hoje as pessoas do mundo todo gastam U$ 100 em um ingresso e economizam muito para que a família passe férias na Disney World. Então, não se confunda com o que parece sorte para você. Pessoas sortudas não são pessoas de sucesso: aquelas que se comprometem 100% com o sucesso parecem ter sorte na vida. Alguém disse uma vez: "quanto mais se trabalha, mais sorte se tem".

Podemos até avançar nisso um pouco: se você sempre é capaz de obter o sucesso, torna-se cada vez menos "sucesso" – e sempre mais um hábito – quase diariamente para algumas pessoas. Pessoas de sucesso já foram descritas como tendo um magnetismo especial – um "quê" ou charme que parece rodeá-las e acompanhá-las. Por quê? Porque indivíduos de sucesso o almejam como um dever, obrigação e responsabilidade – e até como um direito! Digamos que exista uma oportunidade de sucesso aparecendo para duas pessoas. Você acha que quem vai conseguir é aquele que acredita que o sucesso é seu dever – e tenta alcançá-lo – ou aquele que enxerga o sucesso como uma atitude "pegar-ou-largar"? Acho que você sabe a resposta.

E, apesar do clichê, não há nada como sucesso "do dia para a noite". O sucesso é sempre resultado de ações anteriores – não importa o quanto pareçam insignificantes ou que tenham acontecido há muito tempo. Qualquer um que se refira a um negócio, produto, artista ou banda como um sucesso do dia para a noite não entende o trabalho que as pessoas tiveram para tomar esse caminho. Não veem as incontáveis ações realizadas antes dessas pessoas, de fato, criarem e adquirirem sua vitória merecida.

O sucesso é resultado de uma busca mental e espiritual, juntamente com as ações necessárias com o tempo para adquiri-lo. Se você fizer isso com menos motivação do que sendo seu dever moral e ético, obrigação e responsabilidade para com a sua família, sua empresa e seu futuro, provavelmente não irá alcançá-lo – e vai ter mais dificuldades em mantê-lo.

Garanto que quando você, sua família e sua empresa começarem a ver o sucesso como responsabilidade e questão ética, tudo vai começar a mudar. Embora a ética seja uma questão pessoal, a maioria das pessoas concordaria que ser ético não se limita necessariamente a dizer a verdade ou não roubar. Nossa definição de ética certamente é mais do que isso – talvez até inclua a noção de que devemos alcançar o máximo de nosso potencial. Sugiro até que não insistir em alcançar grandes quantidades de sucesso seja algo antiético. Considerando que fazer nosso melhor todos os dias é ético, então não fazê-lo é uma violação da ética.

Você deve constantemente exigir o sucesso como um dever, uma obrigação e uma responsabilidade. Vou lhe mostrar como garantir que isso aconteça – em qualquer negócio ou indústria, a qualquer hora, apesar de qualquer obstáculo e em qualquer quantidade que você desejar!

O sucesso deve ser visto do ponto de vista da ética. O sucesso é seu dever, sua obrigação e sua responsabilidade!

Exercício

O sucesso deve ser visto como seu_______________________________,
_____________________________e___________________________.

Escreva com suas próprias palavras como o sucesso é seu dever, obrigação e responsabilidade.

Escreva dois exemplos de como você mente para si mesmo sobre o sucesso.

Cite duas coisas importantes para se saber sobre o sucesso.

5

NÃO EXISTE A FALTA DE SUCESSO

A forma como você enxerga o sucesso é tão importante quanto a maneira como você vai atrás dele. Diferentemente de um produto manufaturado e patenteado, não há "limites" para quanto sucesso pode ser gerado. Você pode conseguir o quanto quiser, assim como eu – e suas conquistas não evitam nem limitam minhas possibilidades de alcançar o sucesso. Infelizmente, a maioria das pessoas vê o sucesso como algo difícil de alcançar. A ideia é que o fato de outra pessoa ter sucesso inibe sua habilidade de gerar sucesso. O sucesso não é uma loteria, um bingo, uma corrida de cavalos ou um jogo de cartas, que só dá espaço a um vencedor. Não é este o caso. No filme Wall Street, Gordon Gekko disse que "há um perdedor para cada vencedor". O sucesso não é só para alguns, podem haver muitos vencedores. O sucesso não é um produto ou recurso limitado.

Nunca haverá falta de sucesso porque ele é criado por aqueles que não limitam suas ideias, criatividade, inventividade, talento, inteligência, originalidade, persistência e determinação. Veja, refiro-me ao sucesso como algo que é criado, não adquirido. Diferentemente de cobre, prata, ouro ou diamante – itens que já existem e você deve encontrar para trazer ao mercado –, o sucesso é algo que as pessoas fazem. Grandes ideias, novas tecnologias, produtos inovadores e soluções novas para problemas antigos são coisas que nunca irão faltar. A criação do sucesso pode acontecer pelo mundo todo – ao mesmo tempo ou em momentos e níveis diferentes – por milhões de pessoas que não têm limites. O sucesso não depende de recursos, produtos ou espaço.

A política e a mídia alimentam essa falta de conceitos, sugerindo que não há o "suficiente" de certas coisas, que "se você tem algo, eu não posso ter". Muitos políticos acreditam que precisam divulgar este mito para motivar seus eleitores a se posicionarem contra ou a favor de outro político ou partido. Dizem coisas do tipo: "Vou cuidar melhor de você do que aquele cara", "Vou tornar sua vida mais fácil", "Vou reduzir os impostos", "Prometo uma melhor educação para seus filhos" ou "Farei com que seja mais provável que você tenha sucesso". A implicação escondida dessas afirmações é que só eu posso fazer isso – e não aquele cara. Esses políticos enfatizam primeiro os temas e as iniciativas que sabem que seus eleitores consideram importantes para depois criarem a noção de que os cidadãos não podem fazer isso sozinhos. Eles enfatizam as "dificuldades" e fazem o máximo possível para que as pessoas sintam que sua melhor chance de conseguir o que querem é apoiando-os. Senão, eles dizem, suas chances de pegar seu "pedaço do bolo" ficam ainda mais remotas.

Um dos motivos por que é tão difícil falar sobre política ou religião se deve ao fato de que essas trocas tendem à exclusão – o que causa disputas inevitáveis. Por exemplo, se suas crenças políticas vencem, as minhas perdem. Se um partido político apoia suas causas, outros grupos sofrem. Pode-se dizer o mesmo sobre atitudes e pontos de vista. É muito difícil que se "concorde em discordar". As pessoas acreditam que as crenças de alguém não podem ser mantidas se um terceiro tiver crenças conflitantes. Essa noção – baseada novamente no conceito de limites e exclusões – só aumenta a tensão nos relacionamentos. Por que uma pessoa tem que estar certa e a outra errada? Por que as exclusões?

A ideia de competição sugere que, se uma pessoa ganha, a outra perde. Embora isso seja verdade em um jogo de tabuleiro, no qual o objetivo é que haja um vencedor, não significa que seja real em relação ao sucesso nos negócios e na vida. Os grandes jogadores não pensam com essas restrições. Pelo contrário, pensam sem limites – algo que os possibilita chegar a níveis que outros consideram impossíveis. O sucesso da lenda das finanças, Warren Buffett, não é limitado por causa das estratégias de investimento de outras pessoas e de forma alguma seu dom para as finanças pode limitar a minha capacidade de gerar sucesso para mim. Os fundadores do *Google* não impediram a criação do *Facebook*, nem duas décadas de *Microsoft* impediram que Steve Jobs criasse a identidade da *Apple* com *iPods*, *iPhones* e *iPads*. Da mesma forma, a quantidade de novos produtos, ideias e criações dessas empresas nos últimos anos não vão evitar que outros – quem sabe você – tenham sucessos talvez mais estrondosos.

Não é preciso ir tão longe para ver o mito da exclusão disseminado por grande parte da população. Ele é demonstrado por meio de expressões de inveja, desacordo, injustiça e sugestões de que aqueles que tiveram muito sucesso foram compensados injustamente. Ainda há as constantes notícias relacionadas à falta de empregos, dinheiro, oportunidades e até de tempo. Quantas vezes você já ouviu alguém falar que "o dia não tem horas o suficiente?", alguém reclamando que "não há bons empregos" ou que "ninguém está contratando". A realidade é que mesmo que 20% da população esteja desempregada, 80% está empregada.

Outro exemplo dessa "falta de pensamento" aconteceu no meu bairro. Meu vizinho, por acaso, é um dos atores mais famosos de Hollywood; é uma estrela e um ator incrível. A rua que separa minha casa da dele tem muitos buracos que nunca são arrumados. Outro vizinho, que mora no fim da rua, teve a pachorra de sugerir que a "estrela de cinema" arrumasse a rua, já que ganha US$ 20 milhões por filme. Fiquei chocado com a ideia que essa pessoa tinha do sucesso – que só porque esse ator tinha mais sucesso que os outros vizinhos, ele deveria pagar para arrumar a rua. Eu pensava que deveríamos arrumar a rua para ele, já que ele valoriza nossa vizinhança.

Quando uma personalidade pública assina um contrato milionário, a reação das pessoas costuma ser: "Como alguém pode ganhar tanto?". Mas o dinheiro é criado pelo homem e é impresso em máquinas. Nem o dinheiro está em falta, apenas seu valor cai. Um grupo que julga um indivíduo que vale US$ 400 milhões deveria vê-lo como uma prova de que tudo é possível.

Descobri que a maioria – se não todas – das faltas trata-se simplesmente de noções criadas. A empresa ou organização que pode lhe convencer de que existem quantidades limitadas de qualquer coisa que você precise ou queira – sejam diamantes, petróleo, água, ar limpo, temperatura agradável, calor, energia – pode produzir um senso de urgência e, assim, inspirar as pessoas a apoiar sua causa.

Você tem que se desligar do conceito de que o sucesso seja restrito de alguma maneira. Trabalhar com essa ideia prejudica sua capacidade de gerar sucesso para si mesmo. Digamos que você e eu estejamos competindo pelo mesmo cliente e que eu leve a melhor. Isso não significa que você não tenha sucesso. Afinal, esse não era o único cliente que você tinha em vista. Depender de só uma coisa ou pessoa para alcançar o sucesso limita suas chances de conquista. Embora você e eu estejamos competindo por esse contrato, "o Sr. Pensa Grande – Sem Exclusões" está ganhando milhares de clientes e nos mostrando a real definição do sucesso!

Para superar o mito da falta, é preciso mudar sua linha de pensamento para ver que as conquistas alheias de fato criam oportunidades para que você também vença. O sucesso para qualquer um ou qualquer grupo é uma contribuição positiva para todas as pessoas e grupos, já que valida as possibilidades para todos. É por isso que as pessoas se inspiram quando presenciam uma grande vitória ou performance. Ver o sucesso em ação nos dá força e reduz a crença de que nossa capacidade de conquistar algo é "impossível". Seja o sucesso uma nova tecnologia, uma descoberta médica, uma nota alta, um tempo recorde ou um novo preço para a aquisição de um negócio – e queira você tenha participado ou não –, conquistas assim confirmam que o sucesso não está em falta e é completamente possível para qualquer um.

Apague todos os conceitos que você tem de que o sucesso é limitado para alguns e em poucas quantidades. Você e eu podemos conseguir tudo o que quisermos, ao mesmo tempo. Assim que você começa a pensar que o ganho de alguém é a sua perda, passa a se limitar por pensar em termos de competição e exclusão. Este é o momento de se disciplinar para equalizar qualquer sucesso com as possibilidades de mais sucesso. Então, volte à ideia de que o sucesso é seu dever ético. Isso vai motivar seu lado mais criativo a encontrar a solução e o caminho para gerar sucesso em abundância.

Exercício

Escreva um exemplo de falta de sucesso que você já presenciou.

____

____

____

____

____

____

Como essas faltas de sucesso são criadas?

____

____

____

____

____

____

____

Não existe falta de sucesso. Mas o que de fato está em falta?

____

____

____

____

____

____

____

6

ASSUMA O CONTROLE

Pensei em chamar este capítulo de "Não seja um idiota", mas decidi não fazer isso para não ofender ninguém. Tenho tentado mexer nesse título desde que publiquei meu último livro, *If You're Not First, You're Last* (Se Você não For o Primeiro, Será o Último, sem tradução para o português). Ainda amo o título e tento encaixá-lo em algum lugar. Achei que seria perfeito para este capítulo, já que o propósito aqui é discutir a ideia de que os que se fazem de vítima não são bons em atrair ou gerar sucesso. Não é que não sejam capazes, só que aqueles que costumam ter sucesso precisam dar grandes passos, e é impossível dar grandes passos sem se responsabilizar. Da mesma forma, é impossível fazer algo positivo quando você vive inventando desculpas.

Você precisa entender – como já disse muitas vezes – que o sucesso não é algo que acontece com você: é algo que acontece por sua causa e devido às suas atitudes. Pessoas que não assumem responsabilidades normalmente não tomam muitas atitudes e, assim, não se dão bem no jogo do sucesso. Pessoas de sucesso aceitam altos níveis de responsabilidade para gerar e ter sucesso – até por não conseguirem fazer isso. Os que têm sucesso odeiam o jogo da culpa e sabem que é melhor fazer algo acontecer – seja bom ou ruim – do que esperar que alguma coisa aconteça com você.

Aqueles que vivem na posição de vítimas – eu considero ser 50% da população – vão odiar este capítulo e provavelmente pegaram este livro por engano. Qualquer um que utiliza a culpa como o motivo para algo ter ou não acontecido não vai alcançar um sucesso real na vida, aumentando apenas seu status de escravo neste planeta. Aqueles que dão o controle aos outros para o seu sucesso – ou falta dele – nunca poderão controlar suas vidas. Não é possível aproveitar nenhum jogo da vida sem antes assumir o controle sobre o seu entendimento do jogo. Pessoas que assumem a posição de vítima nunca terão segurança, simplesmente porque escolheram passar a responsabilidade adiante e porque nunca vão optar por saber o que fazer sozinhos. Assim, eles nunca assumem a responsabilidade sobre seus bons resultados, dizendo: "Sou uma vítima; coisas ruins sempre acontecem comigo e não há nada que eu possa fazer em relação a isso".

Para chegar aonde se quer na vida é preciso adotar uma visão de que o que quer que esteja acontecendo no mundo – seja bom, ruim ou nada – foi causado por você. Eu assumo o controle sobre tudo o que acontece comigo, até sobre aquilo que, aparentemente, não posso controlar. Esteja eu no controle ou não, ainda opto por assumir a responsabilidade para que eu possa fazer algo para melhorar minha situação, indo sempre em frente. Se, por exemplo, falta energia no meu bairro, em vez de culpar a cidade ou o Estado pelo *blackout*, enxergo o que eu poderia fazer de diferente para não ser afetado pelo impacto negativo da próxima vez que isso acontecer. Não confunda isso com algum tipo de necessidade compulsiva pelo controle; pelo contrário, é simplesmente um senso de responsabilidade saudável e uma forma de gerar soluções eficazes. A verdade é que não tive nada a ver com a falta de energia. Pode ter ocorrido porque muitas pessoas usavam a eletricidade ao mesmo tempo, pelas ondas de calor, o tempo, um terremoto ou alguém que mexeu no gerador. Paguei as contas corretamente e agora não tenho energia nem calor; não posso ferver água, congelar comida ou usar os computadores. Culpar alguém não vai mudar minhas condições, e como o sucesso é meu dever, obrigação e responsabilidade, fica difícil jogar a culpa no Estado. É menos plausível se considerar uma pessoa de sucesso quando você está sem luz, calor e com a comida estragada.

Quando assumo e aumento minha responsabilidade por essa situação, provavelmente penso numa solução. Talvez você tenha pensado no que poderia ser. Isso não aconteceu comigo só porque ficamos sem energia. Aconteceu porque eu não tinha um gerador de *backup*. Não foi falta de sorte nem de planejamento: foi o resultado de deixar a responsabilidade nas mãos de outra pessoa. Não seja idiota, compre um gerador. Ah, mas os geradores são caros! Não tanto quanto ficar sem energia por três dias, sem poder tomar conta de sua família. Quando você decide tomar o controle e assumir a responsabilidade, começa a encontrar soluções de sucesso para melhorar sua vida!

Assuma o controle e aumente a responsabilidade adotando a posição de que você fará com que as coisas aconteçam, até aquelas que você considerou não estarem sob a sua responsabilidade. Nunca assuma a posição de que as coisas simplesmente acontecem com você. Em vez disso, elas acontecem por causa de algo que você fez ou deixou de fazer. Se quer ter o crédito quando ganhar, tem de levar o crédito também quando não ganhar! Aumentar seu nível de responsabilidade vai certamente potencializar sua capacidade de encontrar soluções e gerar mais sucesso para você. Culpar alguém ou alguma coisa só prolonga seu tempo como vítima e escravo. Assumir o controle vai fazer com que você analise o que pode fazer para garantir que eventos negativos não aconteçam e, assim, possa melhorar sua qualidade de vida e reduzir a chance de outros acontecimentos negativos (aparentemente aleatórios) acontecerem.

Digamos que alguém bata no meu carro. Claramente, o erro foi da pessoa. Embora eu fique chateado, a última coisa que quero é assumir a posição de vítima. Que péssimo! "Veja o que aconteceu comigo – ah, tadinho de mim – sou uma vítima". Você divulgaria isso em uma campanha de televisão para ganhar respeito e atenção? Claro que não! Nunca assuma a posição de vítima depois de ter decidido criar uma vida de sucesso. Pelo contrário, descubra como reduzir as chances de inconveniências, como pessoas que batem no seu carro, acontecerem novamente.

A Regra 10X refere-se a muitas atitudes sendo tomadas com persistência por um longo período. Para que coisas boas aconteçam com mais frequência, não é possível agir como vítima. Coisas boas não acontecem com as vítimas; coisas ruins, sim, basta perguntar a elas. Aqueles que adotam a posição de vítima adoram dizer que não têm nada a ver com o azar e as inconveniências que acontecem com elas. Existem quatro fatores consistentes na vida de uma vítima: (1) coisas ruins acontecem com elas, (2) essas coisas acontecem sempre, (3) elas estão sempre envolvidas e (4) a culpa é sempre de outra pessoa ou coisa.

Pessoas de sucesso têm o comportamento oposto e você também deve ter: tudo o que acontece na sua vida é um resultado de sua própria responsabilidade e não simplesmente resultado de uma força exterior. Isso vai movê-lo a procurar formas de sair da situação e assumir o controle para que coisas ruins não "aconteçam" com você no futuro. Comece a se perguntar, após cada evento desagradável: "O que posso fazer para reduzir as chances disso acontecer novamente – ou até garantir que não aconteça novamente?". Voltando ao exemplo da batida do carro: você poderia ter evitado de muitas maneiras que um motorista distraído batesse no seu carro. Poderia ter contratado um motorista, saído mais cedo ou mais tarde, fechado o negócio uma semana antes, feito um caminho diferente ou ser tão importante que seus clientes fossem até você, em vez de ser o contrário.

Deixe-me tentar fazer com que você mude sua linha de pensamento um pouco mais antes de continuar. Muitas pessoas concordam com a ideia de que você atrai para sua vida as coisas – e pessoas – nas quais presta mais atenção. Muitos também concordam que só utilizamos uma pequena porção da nossa capacidade mental. Então, existe uma chance de você ter tomado alguma decisão sem perceber, momentos antes do seu compromisso, para que, de alguma forma, criasse esse suposto acidente e pudesse continuar ter algo para culpar pela sua vida? Se for remotamente impossível, vale a pena analisar! Entenda que você teve de estar naquele exato lugar e momento para que o acidente acontecesse. Milhares de outras pessoas não estavam envolvidas – você estava. Você saiu no momento exato, coordenado com alguém em uma das centenas de ruas e conseguiu estar naquele exato ponto, no momento preciso, posicionado na frente daquele motorista específico que não prestava atenção e bateu no seu carro. Quando coisas ruins acontecem com pessoas boas, garanto que as pessoas boas têm mais a ver com isso do que assumem ter.

Se tivesse saído momentos antes, teria evitado o suposto acidente. Se estivesse dirigindo em outra velocidade, teria sido impossível se encontrarem ali. Se tivesse pegado outra rua, a batida não teria acontecido. Soa muito amplo? Foi só um acidente ou falta de sorte? Talvez você seja só uma vítima, destinada a ter uma vida de azar. Quando você apanha do universo físico sem parar, pode querer considerar que as coisas acontecem não só por sorte ou acaso, mas que têm a ver com o que está acontecendo – senão você não estaria envolvido. Lembre-se, embora esteja acontecendo com você, está acontecendo por sua causa. Embora você não queira assumir a responsabilidade no boletim de ocorrência, a empresa de seguros vai fazer a cobrança, independentemente de quem seja a culpa. Tenha uma coisa em mente: toda vez que se fizer de vítima para "estar certo", assume a identidade de vítima, e isso não pode ser bom. Até que alguém se canse de ser vítima, ele ou ela não pode gerar soluções e sucesso. Essa pessoa só tem problemas.

Quando começar a agir como alguém que age, não que sofre as ações, vai começar a ter mais controle sobre sua vida. Ter (ou não conseguir ter) sucesso, em minha opinião, é um resultado direto de tudo o que você pensa e faz. Você é a fonte, o gerador, a origem e o motivo de tudo – tanto os fatores positivos quanto os negativos. Isso não deve simplificar o conceito de sucesso, é claro, mas até que decida ser responsável por tudo, provavelmente não tomará as atitudes necessárias para vencer o jogo. Porém, se quiser conseguir tudo, obviamente terá de assumir a responsabilidade por tudo. Senão, vai desperdiçar muito potencial da energia 10X inventando desculpas, em vez de gerar lucros.

É um mito e uma mentira pensar que o sucesso só acontece para alguns. Sei que o ponto de vista que estou sugerindo funciona porque é o que eu mesmo usei para acumular meu próprio sucesso. Não cresci em uma família rica, com contatos com as pessoas "certas". Não tinha dinheiro para começar minhas empresas, nem "talento" a mais que ninguém. Mesmo assim, consegui acumular mais sucesso financeiro, físico, espiritual e emocional do que a maioria das pessoas esperava de mim – tudo porque eu quis elevar as ações ao nível máximo, assumir o controle e a responsabilidade por cada situação. Podia ser a gripe, uma dor de estômago, uma batida de carro, um assalto, meu computador quebrado ou até a falta de energia. Eu sempre assumia o controle e a responsabilidade.

Foi só quando realmente passei a acreditar que nada acontece comigo, tudo acontece por minha causa, que pude trabalhar em níveis 10X. Alguém me disse: "Não importa aonde eu vá, lá estou". Este ditado sugeriu que eu era tanto o problema quanto a solução. Esta situação me colocou na situação de ser a causa das situações da minha vida, em vez da vítima. Eu não me permiti culpar ninguém ou nada como justificativa para as dificuldades que encontrei. Comecei a acreditar que, embora nem sempre eu possa controlar o que acontece comigo, sempre posso escolher como responder a isso. O sucesso não é só uma "jornada", como muitas pessoas e livros sugerem; pelo contrário, é um estado – constante ou não – sobre o qual você tem controle e responsabilidade. Você pode gerar sucesso ou não – e ele não é para as vítimas.

Sem dúvida, você tem dons a serem explorados – potencial que ainda está escondido. Você foi presenteado com um desejo de grandeza e sabe que não há falta de sucesso. Aumente o nível de suas responsabilidades, assuma o controle de tudo o que acontece com você e viva com o slogan de que nada acontece com você – só por sua causa! E lembre-se: "não seja um idiota".

Exercício

O que você quer para assumir controle na sua vida?

____

____

____

____

____

____

O sucesso não é algo que acontece com você, é algo que acontece_

____.

Escreva três exemplos de momentos nos quais você fez o sucesso acontecer.

____

____

____

____

____

Quais são os quatro fatores presentes na vida de uma vítima?

____

____

____

____

____

7

QUATRO NÍVEIS DE AÇÃO

Uma pergunta que ouvi durante esses anos foi: "Exatamente quanto de atitude é necessária para gerar sucesso?". Não é novidade que todos estão procurando o atalho secreto – e também não é novidade que não existem atalhos. Quanto maior a quantidade de atitudes, maiores as chances de alcançarmos o sucesso. Ações disciplinadas, consistentes e persistentes são fatores determinantes para gerar o sucesso e funcionam mais do que qualquer outra combinação de atitudes. Entender como calcular as atitudes e, depois, colocá-las em prática, é mais importante do que o conceito, a ideia, a invenção ou o plano de negócios.

A maioria das pessoas só não consegue alcançar o sucesso porque trabalha com os níveis errados de atitude. Para simplificar as ações, vamos resumir suas escolhas a quatro simples categorias ou níveis de ação. São elas:

1. Não fazer nada.
2. Dar um passo para trás.
3. Realizar ações de nível normal.
4. Potencializar suas ações.

Antes de descrever cada um desses itens, é importante entender que todos utilizam os quatro níveis de ação em algum momento, especialmente em resposta a diferentes áreas da vida. Por exemplo, você pode potencializar as ações para sua carreira, mas dar passos para trás no que diz respeito aos seus deveres e responsabilidades como cidadão. Alguém pode não fazer nada em relação a aprender sobre as mídias sociais e até dar um passo para trás. Outra pode realizar ações de níveis normais no que diz respeito a ter uma alimentação saudável e fazer exercícios, mas exagerar (potencializar as ações) em relação aos seus hábitos destrutivos. As pessoas obviamente se superam, fazem seu melhor nas áreas em que direcionam mais atenção e agem mais.

Infelizmente, a maioria das pessoas do planeta passa o tempo nos três primeiros níveis: fazendo nada, dando um passo para trás ou agindo em níveis normais de atividade. Os dois primeiros níveis de ação (fazer nada e voltar atrás) são a base do fracasso. E o terceiro nível (normal) só cria uma existência normal, no máximo. Só as pessoas que têm muito sucesso potencializam suas ações ao máximo. Então, vamos analisar os quatro níveis para observar o que significam. Assim, você pode escolher cada um deles para as diferentes áreas de sua vida.

O Primeiro Nível de Ação

"Fazer nada" é exatamente o que o nome diz: não fazer mais nada para progredir, aprender, conquistar ou controlar alguma área. As pessoas que não fazem nada em suas carreiras, relacionamentos ou em qualquer outra área provavelmente desistiram dos seus sonhos e agora querem aceitar praticamente tudo o que veem pela frente. Embora pareça fácil, não pense que fazer nada não requer energia, esforço e trabalho! Independentemente de qual nível de ação você escolher, todos requerem trabalho de alguma maneira. Os sinais de que não está fazendo nada incluem expressão de chateação, letargia, complacência e falta de propósito. As pessoas neste grupo gastam seu tempo e energia justificando sua situação – o que requer tanto esforço quanto as outras ações.

Quando o alarme toca de manhã, o "faz-nada" não acorda. Embora pareça que ele não está fazendo nada, na verdade, gasta-se muita energia para não acordar de manhã. Dá trabalho perder um emprego devido à falta de produção. Dá trabalho não ser cotado para uma promoção e ter de esperar mais um ano, ir para casa e explicar essa situação ao seu parceiro. É muito trabalhoso existir neste planeta como um funcionário pouco apreciado e mal pago – e é ainda mais difícil entender isso. A pessoa que não toma atitudes precisa inventar desculpas para estar nesta condição. Isso requer muita criatividade e esforço. Vendedores que não fazem nada e perdem mais vendas do que ganham precisam entender, além de explicar para seus parceiros e chefes por que não estão atingindo suas metas. É também interessante perceber que aqueles que não fazem nada em uma área de suas vidas vão encontrar algo que amam fazer e focar nessas coisas – algo para o qual vão potencializar suas ações. Pode ser pôquer on-line, jogos, bicicleta, filmes, livros. Seja qual for, garanto que alguma área da vida recebe total energia e atenção. Os que não fazem nada vão convencer seus amigos e parentes de que tudo está indo bem e que estão felizes, o que só vai servir para confundir todo mundo, já que está evidente que não estão vivendo ao máximo seu potencial.

O Segundo Nível de Ação

Os que "voltam atrás" são aqueles que fazem as ações ao contrário – provavelmente para evitar experiências negativas que imaginam ser resultado de alguma ação. Essa pessoa personifica o fenômeno do "medo-do-sucesso". Ele, ou ela, experimentou resultados não tão exitosos (ou que ele, ou ela, não tenha percebido como exitosos) e, assim, decidiu evitar agir novamente e dar espaço para outra ocorrência dessa natureza. Como o "faz-nada", os que voltam atrás justificam suas respostas e acreditam que o seu nível de ação seja o mais correto. Eles alegam fazer isso para evitar mais rejeição e/ou fracassos. Quase nunca a rejeição ou fracasso foi de fato o que os impactou. É mais comum do que se imagina que a impressão deles quanto ao significado de fracasso e rejeição é o que os faz voltar atrás.

Assim como não fazer nada, voltar atrás é uma ação que requer esforço e trabalho. Observe qualquer criança saudável e você verá que é normal do ser humano dar um passo para trás em vez de avançar. Normalmente, voltar atrás é a resposta depois de ouvir repetidamente que esta é a ação a ser tomada. Muitos de nós somos instruídos durante a infância: "não toque nisso", "tome cuidado", "não fale com ele", "não chegue perto" e assim por diante. E é daí que o ato de voltar atrás passa a ser adotado como uma ação. A tendência é que sejamos afastados das coisas que nos despertam interesse. Embora normalmente seja para o nosso bem e para nos manter seguros, pode ser difícil mudar depois desses anos de "tome cuidado" – e essa pode ser a razão pela qual é tão difícil para muitas pessoas tentarem coisas novas na vida. Talvez tenhamos sido motivados a voltar atrás por um colega de trabalho, amigo ou parente, alguém que acredite que somos "muito ambiciosos" ou focados em uma só área da vida.

Sem levar em conta os motivos pelos quais os que voltam atrás vão em direção oposta dos seus objetivos, o resultado costuma ser o mesmo. Imagino que todos os leitores conheçam alguém que volta atrás e talvez você possa até perceber que também volte atrás em alguma área da sua vida.

Qualquer área de interesse na qual você decida que não é mais possível avançar – e agora esteja agindo como "não posso fazer nada" – seria considerada como uma área para a ação de voltar trás. "O mercado de ações está ruim; nunca mais vou investir" – passo para trás. "Muitos casamentos dão errado; vou ficar solteiro" – passo para trás. "Atuar é uma profissão muito difícil; prefiro ser garçom para o resto da vida" – passo para trás. "O mercado de trabalho está terrível; ninguém está contratando – vou ficar desempregado" – passo para trás. "Não posso controlar o resultado de uma eleição; então, nem vou votar" – passo para trás! E perceba a única coisa que esses cenários têm em comum: todos requerem algum tipo de ação, mesmo que seja tomar uma decisão.

Aqueles que voltam atrás passam muito tempo justificando porque estão fazendo isso. Normalmente, não há discussão com essas pessoas, já que estão completamente convencidas de que fazem meramente o necessário para sobreviver. Elas vão gastar tanta energia justificando sua decisão de voltar atrás quanto uma pessoa de muito sucesso gasta para criar o sucesso. O melhor que se pode fazer pelos que voltam atrás é dar a eles este livro e permitir que se identifiquem com essa característica. Quando a pessoa vir os quatro níveis de ação e perceber que todos requerem energia, ele, ou ela, pode passar a fazer escolhas mais saudáveis. Afinal, já que é preciso se esforçar, por que não fazê-lo em direção ao sucesso?

O Terceiro Nível de Ação

As pessoas que realizam ações de nível normal são provavelmente as que prevalecem na sociedade hoje. Este grupo aparenta tomar as atitudes necessárias para ser "normal". Este nível de ação cria a classe média, e é, na verdade, o mais perigoso – por ser considerado aceitável. As pessoas neste grupo passam as vidas agindo para estarem "na média" e viverem vidas normais, bem como casamentos e carreiras; porém, elas nunca fazem o suficiente para gerarem sucesso real. Infelizmente, a maioria da força de trabalho realiza ações de nível normal; são aqueles gerentes, executivos e empresas que se camuflam mais do que se destacam. Embora alguns membros deste grupo ocasionalmente tentem trabalhar com qualidade extrema, eles quase nunca criam nada em quantidades excepcionais. O objetivo aqui é a média – casamento, saúde, carreira e finanças na média. Enquanto a média der certo, eles estão bem. Eles não causam problemas aos outros ou a si mesmos se tiverem condições de ficarem onde estão e previsíveis.

Porém, assim que as condições do mercado forem impactadas negativamente – e, assim, ficarem piores que o normal –, essas pessoas vão repentinamente perceber que estão em risco. Adicione qualquer mudança a essas condições nas quais as pessoas só agem "normalmente" – o que certamente vai acontecer em algum momento – e que se iniciem as apostas. Não é difícil se deparar com uma situação que vai desafiar a vida, a carreira, o casamento, o negócio ou as finanças de uma pessoa. Quando você realiza ações de nível normal, está ainda mais suscetível aos desafios que certamente vão aparecer. Qualquer conjunto de eventos comuns, condições financeiras ou experiências estressantes pode bagunçar uma vida de níveis "aceitáveis" de ação e resultar em altos níveis de estresse, incerteza e dor.

A média, por definição, é "menos do que o extraordinário". É de fato – de um modo ou de outro – só uma descrição alternativa para voltar atrás e não fazer nada. Até leva em consideração os efeitos espirituais negativos de uma pessoa saber o seu verdadeiro potencial e, ainda assim, operar muito abaixo de sua real capacidade. Alguém que realiza ações medianas, mas é capaz de muito mais, está, na verdade, agindo entre o "faz-nada" e o que volta atrás.

Seja honesto consigo mesmo: você tem mais energia e criatividade do que está colocando em prática? Aluno mediano, casamento mediano, crianças medianas, finanças medianas, negócios medianos, produtos medianos, corpo mediano... Quem, de fato, busca o mediano? Imagine se os produtos que sempre ficamos tentados a comprar utilizassem a palavra "mediano" em suas propagandas: "Este produto mediano pode ser encontrado por um preço razoável, além de trazer resultados medíocres". Quem compraria isso? As pessoas certamente não fogem de suas rotinas para encontrar e pagar por um produto razoável. "Estamos oferecendo aulas de culinária e garantimos que você será um cozinheiro mediano". Posso fazer isso agora sem aula nenhuma. "Novo filme estreia neste fim de semana – diretor mediano, atuação mediana e os críticos estão adorando: 'duas horas de ação mediana'". Ah! Mal posso esperar para assistir este filme!

A ação em níveis normais é a mais perigosa porque é a mais aceita pela sociedade. Este nível de ação é autorizado pelas massas e, assim, as pessoas que não agem normalmente não atraem a atenção necessária para alavancá-los para o sucesso. As empresas me procuram constantemente para trabalhar nas performances mais fracas em suas organizações. Ainda assim, não estão vendo a ação mediana, e até ótimos funcionários que ainda realizam ações medianas. Este livro provavelmente vai motivar mais uma pessoa que realiza ações normais do que aqueles que não fazem nada ou voltam atrás, já que o "faz-nada" nem se preocuparia em comprar este livro e o que volta atrás nem iria à livraria. As pessoas que agem em níveis normais vão comprar o livro e talvez escapar deste feitiço que as domina. Só saindo do nível três para o nível quatro é possível transformar uma existência mediana em uma vida excepcional.

O Quarto Nível: Potencializando a Ação

Embora pareça mentira, a ação potencializada é a mais natural para todos nós. Veja as crianças: elas estão constantemente em ação, a não ser quando há algo errado. Isso era verdade para mim, pelo menos nos primeiros 10 anos da minha vida. Era ação elevada à máxima potência, a não ser quando estava dormindo. Como a maioria das crianças, eu estava sempre na ativa, o tempo todo – com as pessoas dando palpites de que talvez eu devesse me acalmar um pouco. Isso aconteceu com você? E você fez isso com seus filhos?

Até que os adultos me dissessem o contrário, eu não sabia agir de outra forma que não fosse a potencializada. Até os elementos mais básicos do universo suportam ações elevadas à máxima potência. Mergulhe no oceano e veja a ação que ocorre por lá. Abaixo da crosta do planeta, o movimento nunca para. Observe um formigueiro ou uma colmeia, e veja as colônias de seres vivos atuando na máxima potência para garantir sua sobrevivência no futuro. Nesses lugares, não há sinais de voltar atrás ou de nenhuma atividade, nem de nada considerado próximo dos níveis normais de atividade.

Meu pai trabalhava muito e gostava de disciplina. Além disso, potencializava suas ações. Infelizmente, ele faleceu quando eu tinha 10 anos e isso acabou comigo. Olhando para trás, percebo que este fato fez com que eu imediatamente desse passos para trás em áreas da vida nas quais precisava agir. Enquanto isso, eu gastava muita energia em áreas que não mereciam atenção: drogas, álcool e uma grande lista de atividades inúteis. Isso foi se desenrolando no colégio e na faculdade, com mais algumas perdas pelo caminho. Continuei a voltar atrás em relação às coisas que eram boas para mim e concentrava-me nas áreas destrutivas. Eu não era preguiçoso ou desmotivado, mas simplesmente não estava na direção certa, e não sabia como prosseguir na vida.

Passava a maior parte do tempo de "saco cheio", sem propósito e gravitando em áreas da vida nas quais podia até gastar muita energia, mas sem produzir resultados construtivos. Acho que as pessoas encaram essa situação em algum momento da vida. Eu me deparei com isso cedo demais.

Como mencionei anteriormente, acordei para a vida aos 25 anos. Sabia que devia tomar uma nova direção ou pagaria muito caro. Decidi me comprometer com a geração do sucesso. Já que dava trabalho não ter sucesso, somente mudei o foco. Ainda que meu pai não estivesse mais presente há 15 anos, ele ainda era um modelo para mim. Ele acreditava em trabalho ético e fazia o que fosse preciso para sustentar sua família, correndo atrás do sucesso como se fosse seu dever e propósito. Claro que ele gostava do retorno financeiro e do sentimento de conquista pessoal com suas realizações; porém, ficava claro para mim que ele considerava o sucesso como sendo sua responsabilidade com a família, igreja, nome e até Deus. Ele apenas ficou sem tempo!

Quando eu finalmente saí da fase da falta de informação, direcionei toda a minha energia para a minha carreira. Desde os 25 anos, a única coisa que fazia bem – tanto no meu primeiro emprego como vendedor como na primeira empresa que construí – era colocar em prática todas as tarefas com ações potencializadas. Nunca voltei atrás, fiz nada ou agi normalmente: mantinha o foco constante, persistente e imenso no alvo.

A ação potencializada é aquela que cria novos problemas – e até que você crie problemas, não está de fato operando no quarto nível de ação. Quando comecei a dar palestras, aos 29 anos, usei a Regra 10X para criar um nome para mim. Começava a trabalhar às 7h e não voltava ao hotel antes das 21h. Passava o dia ligando para empresas e oferecendo minhas apresentações para equipes de vendas e administração. Visitava até 40 organizações no mesmo dia. Lembro de estar em El Paso, Texas – um lugar estranho para mim, onde não conhecia ninguém e ninguém me conhecia. Em duas semanas, já tinha visitado todas as empresas da região. Embora não tenha conseguido fazer com que todas se tornassem meus clientes, com certeza consegui mais clientes porque minhas ações foram potencializadas.

Um corretor de imóveis uma vez viajou comigo para observar como eu fazia para melhorar os negócios. Depois de três dias, ele admitiu: "Não posso fazer isso nem mais um dia. Só estou acompanhando você e estou exausto". Eu passava todos os dias como se minhas atitudes fossem questão de vida ou morte. Recusava-me a deixar uma cidade sem saber que tinha feito todo o possível para conhecer todos os empreendedores locais. Visitar as empresas me ensinou mais sobre as ações elevadas à máxima potência do que qualquer outra atividade que tenha feito. E isso foi muito importante para minhas outras jornadas.

Quando você realiza ações potencializadas, não pensa em termos de horas de trabalho. Quando você utiliza o quarto nível de ação, sua forma de pensamento muda, assim como os seus resultados. No fim, você vai criar oportunidades a serem exploradas mais cedo ou mais tarde e de maneiras diferentes do que aconteceria em um dia "normal". Então, um dia como qualquer outro será coisa do passado. Continuei comprometido às ações potencializadas e um dia este comportamento passou a ser um hábito. Era interessante perceber quantas pessoas me perguntavam: "Por que você ainda está trabalhando até tão tarde?", "Por que você está nos ligando no sábado?", "Você não desiste nunca, não é?", "Gostaria que meus funcionários fossem como você". E até "O que você está querendo?". E eu queria algo: enxergava o sucesso como meu dever, obrigação e responsabilidade. E a ação potencializada era o meu segredo. Os sinais de que você está agindo de forma potencializada são pessoas comentando e admirando seu nível de atividade.

Porém, você não pode pensar em termos de elogios ou horas de trabalho, nem mesmo de quanto dinheiro você está recebendo, quando trabalha neste nível. Pelo contrário, é importante trabalhar cada dia o melhor possível, usando sua habilidade de realizar ações potencializadas. Quando comecei meu primeiro negócio, eu tinha que fazer dar certo, não havia outra saída! Se eu queria que as pessoas me conhecessem e soubessem o que eu representava, teria de fazer muito – e ponto. O problema não era a competição, era a obscuridade. Ninguém sabia quem eu era. Esse foi o maior problema que encontrei em todos os negócios que construí e imagino que seja o mais enfrentado pelos empreendedores. As pessoas não o conhecem, nem sabem sobre o seu produto – e a única forma de ultrapassar isso é agir de forma potencializada. Não tinha dinheiro para investir em propaganda, então canalizei toda a minha energia para as ligações, correspondências tradicionais, e-mail, telemarketing ativo e passivo, visitas e mais ligações. Este nível de ação pode parecer – e de fato é – cansativo. Porém, gera mais certeza e segurança do que qualquer treinamento ou formação que possa receber.

Já fui chamado de muitas coisas devido ao meu comprometimento com a ação – *workaholic*, obsessivo, egoísta, pouco satisfeito, motivado e até maníaco. Ainda assim, sempre era tachado por alguém que trabalhava com níveis mais baixos que o quarto nível de ação. Alguém que tivesse mais sucesso do que eu nunca consideraria minha ação excessiva como algo negativo, pois saberia o que é necessário para atingir este tipo de sucesso. Eles sabem por experiência própria como conseguir o que querem e jamais relacionariam a ação potencializada com algo indesejável.

Agir de forma potencializada significa tomar decisões nem sempre razoáveis e, depois, acompanhá-las com ainda mais ações. Este nível de ação pode ser considerado como quase insano, bem além da norma social estabelecida e sempre vai gerar novos problemas. Mas lembre-se: se não criar problemas, não está agindo o suficiente.

Você pode também esperar ser criticado e tachado por outros quando começar a agir dessa maneira. Assim que começar a ter sucesso, imediatamente será julgado pelos medíocres. As pessoas que atuam nos outros três níveis de ação se sentirão ameaçadas pelo seu nível de atividade e, normalmente, vão querer que você esteja errado para que eles estejam certos. Essas pessoas não podem ver os outros alcançarem o sucesso nesses níveis e farão de tudo para impedir que isso aconteça. Enquanto uma pessoa sã pensa em progredir para o seu nível, a medíocre lhe dirá que está perdendo tempo, que isso não funciona na sua área, que espanta os clientes e que ninguém vai querer trabalhar com você. Até os supervisores podem desencorajar os funcionários que agem com muito esforço. Você vai saber que está entrando no campo da ação potencializada quando (1) criar novos problemas para si mesmo e (2) começar a ouvir críticas dos outros. Mas seja forte. Essa atividade vai tirar você do estado hipnótico da mediocridade que aprendeu a aceitar.

Para produzir no nível da ação potencializada, é preciso abraçar todas as oportunidades que aparecerem. Por exemplo, minha esposa é atriz. Eu aconselho que ela participe de todos os testes, independentemente de estar preparada ou achar que o papel é certo para ela. É melhor ir mal e ser vista do que não ser vista! "Mas e seu eu não passar?", ela me pergunta. Eu digo: "Hollywood está repleta de atores péssimos que, de alguma forma, trabalham. Talvez não escolham você para aquele papel, mas podem perceber que você é perfeita para algum outro. O objetivo é ser vista para se lembrarem de você, de uma maneira ou de outra. Seu único problema é a obscuridade, não o talento. Para alcançar os objetivos que estabeleceu para você, é preciso fazer esforços constantes e incansáveis". As ações potencializadas não podem lhe fazer mal e vão sempre ajudar. Aqui também, a quantidade importa mais do que a qualidade. O dinheiro e o poder chamam a atenção. Então, quem vai conseguir mais atenção é a pessoa que tomar mais atitudes: mais cedo ou mais tarde, vai alcançar os melhores resultados.

Ninguém vai bater à sua porta e tornar os seus sonhos realidade. Ninguém vai entrar na sua empresa e tornar seus produtos conhecidos.

Para se destacar – e para que os clientes levem seus produtos, serviços e organização em consideração –, é preciso agir de forma potencializada. No meu último livro, *If You're Not First, You're Last*, falei da importância da dominação. Não se tratava da dominação física, mas sim de ocupar mentalmente o espaço do público para que, quando as pessoas pensassem no seu produto, serviço ou meio de atuação, lembrassem de você. Disciplinar a ação potencializada vai tirar você da obscuridade, aumentar seu valor no mercado e ajudar a gerar sucesso na área que você escolher.

Exercício

Em que momento da sua vida você tomou atitudes potencializadas e ganhou?

____

O que você gera imediatamente ao agir de forma potencializada?

O que espera que aqueles que não agem dessa forma digam aos que agem?

Que outras coisas podem acontecer quando você passa a agir de forma potencializada?

8

O MEDIANO É UMA FÓRMULA PARA O DESASTRE

Olhe ao seu redor e é bem provável que veja um mundo repleto de ações medianas. Embora isso seja – como já mencionei – o nível "aceitável" de atividade sobre a qual se construiu a classe média, há fortes evidências de que este pensamento não está funcionando. Os empregos estão sendo enviados para outros continentes e o desemprego está cada vez maior. Os que pertencem à classe média não estão conseguindo se sustentar, as pessoas vivem mais do que suas economias e empresas e ramos inteiros estão falindo devido a produtos, gerenciamento, funcionários, ações e pensamentos medianos.

Esta "fissura pelo mediano" pode acabar com a possibilidade de tornar seus sonhos realidade. Considere as estatísticas: o funcionário mediano lê, em média, menos de um livro por ano e trabalha aproximadamente 37,5 horas por semana. Essa mesma pessoa ganha 319 vezes menos que os CEOs mais importantes dos Estados Unidos, que dizem ler 60 livros por ano. Muitos desses executivos de sucesso são tachados negativamente pela quantidade de dinheiro que recebem; porém, não consideramos o que essas pessoas fizeram para chegar a este patamar. Embora nem sempre pareça que eles estejam trabalhando muito, sempre descartamos o fato de que conseguiram frequentar as escolas certas, fazer os contatos certos e de que fizeram o necessário para chegar ao topo da cadeia alimentar. Tudo isso exigiu muita ação da parte deles. Você pode até ficar irritado, mas isso não muda o fato de que estão sendo recompensados pelo sucesso que conquistaram.

Depois da crise econômica de 2008, o fundador da *Starbucks*, Howard Schultz, fez o que quase todos os outros CEOs da América estavam fazendo – cortando gastos e fechando filiais que não davam retorno. Porém, ele fez algo que quase ninguém fez: viajou pelo país para conhecer os mantenedores da *Starbucks*. Muito depois do funcionário mediano ter ido para casa, o bilionário Schultz visitava suas lojas e conhecia os apreciadores de café para descobrir como a *Starbucks* poderia satisfazer seus clientes. Embora a mídia não tenha mostrado isso, foi uma excelente atuação. Eis um homem que atravessava o país às 21h para ter um *feedback* das pessoas sobre os seus produtos. Este é o verdadeiro exemplo de um pensamento e uma ação "maior-que-o-mediano". Isso está claramente além do que o mercado – e qualquer cliente – espera. Supera de longe qualquer ação considerada normal para um CEO. E o crescimento forte e sólido da *Starbucks* refletiu na bolsa de valores.

Esta empresa faz um produto que as pessoas não precisam de fato consumir – principalmente em tempos de crise. Ainda assim, a *Starbucks* continua a vender e crescer tanto como marca quanto como retorno para os investidores. Isso demonstra que embora a qualidade do produto seja claramente importante, as pessoas que trabalham para a organização são de fato a força que faz a diferença. Schultz soube exatamente como lidar com essa situação. Apesar da recessão e da contração temporária, ele ainda conseguiu "expandir" o seu negócio. Não necessariamente abrindo mais filiais, mas utilizando sua energia, seus recursos e sua criatividade pessoal para potencializar suas ações, ir a cada uma de suas lojas e aumentar a presença da marca e suas vendas.

Começar um processo que inclua aceitar o mediano está fadado ao fracasso, cedo ou tarde. Qualquer coisa que seja conduzida no modo padrão simplesmente não vai dar conta do recado. Os níveis normais de ação pelos quais a maioria das pessoas trabalha não levam em conta os efeitos de várias forças – como a gravidade, a idade, a resistência, o tempo e o inesperado. Quando ações medianas encontram alguma resistência, competição, perda ou falta de interesse, condições negativas de mercado ou todos esses itens juntos, o projeto vai por água abaixo.

Por fim, quero que considere os esforços conjuntos dos indivíduos e grupos que de fato impedem os seus esforços. Embora eu não seja paranoico e nem medroso, aprendi que essas pessoas existem quando fui abordado por um grupo que me convidou para ser sócio, mas, na verdade, queria roubar-me o sucesso que já tinha criado na vida. Nunca planejei isso e literalmente este fato me roubou anos de esforços. Então, acreditem em mim – você não pode planejar tudo e as pessoas vão tentar tomar de você o que não podem criar sozinhas.

Quando olho para trás e tento analisar o que aconteceu com esses criminosos, percebo que eu estava suscetível a eles porque não estava trabalhando em níveis 10X. Isso abriu meus olhos para o fato de que quando comecei a aproveitar os meus ganhos – e pensei que pudesse "relaxar um pouco" –, tornei-me um alvo. É quase impossível planejar todas as situações. Durante a vida, você pode experimentar condições extraordinárias e algumas podem ser desagradáveis. A melhor forma de planejar é condicionar seu pensamento e suas ações aos níveis 10X. Tenha tanto sucesso que ninguém, nenhuma situação ou série de erros possam derrubá-lo. Níveis medianos de qualquer coisa vão fazer com que fracasse ou, pelo menos, vão colocá-lo em risco! Por outro lado, se você gerar mais sucesso do que quer ou precisa, sempre estará preparado. Mesmo quando aqueles que não conseguem fazer o mesmo tentarem roubar isso de você. Embora eu tenha vivido anos de sucesso em níveis que outros achavam impressionantes, sabia que tinha desistido da ação potencializada. E, é claro, esses caras decidiram tirar uma casquinha do meu sucesso – e não foram penalizados. Foi um obstáculo caro e difícil, mas me fez acordar para o fato de que você nunca está seguro para agir em níveis normais de envolvimento. Ao fazer isso, garanto, o que você tem e tudo o que você sonhou começa a desaparecer. Isso é verdade para sua saúde, seu casamento, sua riqueza e sua condição espiritual. O normal o leva a ser exatamente isso: normal.

Pensamentos e ações medianas vão levar você a problemas medianos, que rapidamente se tornam maçantes. E se você viver 20 anos a mais do que vão durar suas economias? Muitos de nós teremos de cuidar de outros membros da família porque eles não tinham o pensamento 10X, nem trabalhavam em níveis 10X. E a possibilidade de aparecerem problemas de saúde sérios ou alguma emergência econômica que não tinha sido prevista? O que acontece com classes inteiras de pessoas que fazem planos financeiros medianos e deparam-se com períodos longos de dificuldade e crise ou décadas de desemprego? O mediano é um plano para o desastre!

O normal não funciona para nenhuma área da vida. Qualquer coisa que receba quantidades normais da sua atenção começa a enfraquecer até que deixe de existir. Empresas, indústrias, artistas, produtos e pessoas que vão para o futuro com sucesso são aqueles que analisam toda atividade com a visão de que o normal não é bom o suficiente. Você precisa mudar seu comprometimento e pensamento para estar acima dos conceitos da normalidade. Prometo que, quando fizer isso, vai imediatamente começar a influenciar outras áreas de sua vida. Seus amigos e parentes vão mudar, os resultados vão melhorar, você vai ter mais sorte, pode sentir o tempo voar e suas ações vão melhorar sua relação com as pessoas.

O mediano é o motivo pelo qual a maioria das empresas vai à falência. Algumas pessoas se reúnem, têm uma grande ideia, estabelecem um plano de negócios, começam uma empresa e baseiam suas previsões com tudo sempre a seu favor. Talvez até criem o que dizem ser as projeções conservadoras. "Digamos que nós mostremos esse produto a 10 pessoas. Devemos vender ao menos três deles. Isso é conservador e realista". Alguém no grupo diz: "Vamos diminuir ao meio para ter mais segurança. Ainda dá para fazer?". Eles decidem que até com base em um plano mais conservador é possível ter sucesso. Mas eles não avaliaram corretamente para quantas pessoas eles teriam de ligar só para fazer as 10 primeiras apresentações. Até o produto mais impressionante do mundo exigiria 100 ligações para conseguir 10 reuniões. Só porque você planejou o passo seguinte do projeto, não significa que o resto do mundo esteja pensando como você. Cada um tem sua agenda, seus produtos e seus projetos. Conseguir se reunir com as pessoas certas já requer um esforço enorme e persistência. A maioria das pessoas constrói planos de negócios com base em considerações medianas e linhas de pensamento, e não nas quantidades potencializadas de ações necessárias para ir em frente.

Quando as novas ideias surgem, são influenciadas pelo entusiasmo daqueles que as criaram. Muitas considerações negativas – como competição, economia, condições de mercado, manufatura, empréstimos, captação de recursos, a preocupação dos seus clientes com outros projetos e assim por diante – são colocadas com nível de dificuldade normal ou mediana. Então, quando as projeções otimistas se mostrarem irreais, até os objetivos mais conservadores se perdem. Se um sócio ficar doente, é possível que haja uma mudança significativa nas condições econômicas ou pode ocorrer algum evento global que chame a atenção das pessoas para outra direção nos próximos seis meses. As pessoas envolvidas no novo negócio começam a perder o entusiasmo, entrar em discussões e, conforme as coisas forem ficando mais difíceis do que o planejado, o fracasso torna-se uma possibilidade presente. Os sócios gastam mais do que pretendiam – e ficam sem renda. Um dos sonhadores começa a pensar duas vezes, e considera sair fora, já que os outros jogadores não aparentam estar mental, emocional ou fisicamente preparados para elevar a ações à máxima potência e superar a resistência do mercado.

Continuando neste cenário, para resolver os problemas relacionados à falta de renda, os membros do grupo tentam pegar emprestado ou levantar fundos com seus amigos – onde encontram mais resistência. Eles percebem que será cada vez mais difícil para as pessoas investirem nas quantidades "exageradas" de incansáveis ações 10X, necessárias para ter uma visão mais otimista e que não estavam presentes no plano de negócios. Os sócios começam a crer que sua empresa se esforça mais para captar recursos do que para agir de forma potencializada, pois não estimaram corretamente o nível 10X de pensamentos e ações necessário para ir em frente.

O mediano assume – incorretamente, é claro – que tudo funciona de forma estável. As pessoas otimistas superestimam o andamento das coisas e depois subestimam a energia e o esforço necessários para que o negócio progrida. Todos que tiveram sucesso nos negócios vão apoiar este conceito. Você simplesmente não consegue treinar ou preparar-se para quantidades normais de gravidade ou resistência, competição e condições do mercado. Não pense no mediano, pense em massa. Compare suas ações a ter de carregar diariamente uma mochila de 500 quilos, com um vento de 65 quilômetros por hora em uma subida de 20 graus. Prepare-se para uma ação potencializada e persistente – e vencerá!

A maioria dos negócios dá errado porque não consegue vender suas ideias, produtos e serviços a preços altos o suficiente para sustentar a empresa e suas atividades. A empresa não consegue ter renda em grandes quantidades porque as pessoas que a construíram – funcionários, clientes e vendedores – também agem de forma mediana.

O mediano não atrai nada mais do que o mediano – e normalmente atrai até menos. O pensamento e as ações normais só levam à infelicidade, incerteza e fracasso. Livre-se de tudo que seja mediano, incluindo os conselhos que recebe e os amigos que faz. Parece muito difícil? Lembre-se de que o sucesso é seu dever, sua obrigação e sua responsabilidade. E já que não existe a falta do sucesso, qualquer limitação aparente pode simplesmente ser resultado do pensamento e ação medianos. Livre-se de todos os conceitos do normal. Estude o que as pessoas medianas fazem e proíba sua equipe e você mesmo de considerar o mediano como uma opção. Fique cercado de pensadores e executores excepcionais. Informe seus amigos, parentes e colegas de trabalho que você trata o mediano como uma doença terminal. Lembre-se: tudo o que for mediano não leva você a ter uma vida extraordinária. Procure a palavra "mediano" no dicionário e veja o que o espera: típico, ordinário, comum. Isso já é o suficiente para que você abandone o conceito das suas considerações.

Exercício

Escreva nomes de pessoas que você sabe que operam em níveis medianos.

____

____

____

Descreva três momentos da sua vida em que as ações medianas trouxeram prejuízo.

____

____

____

____

Escreva os nomes de pessoas que você sabe que são excepcionais e descreva suas diferenças em relação às normais.

____

____

____

____

Procure a definição de mediano (como adjetivo) e escreva aqui.

____

____

____

____

9

OBJETIVOS 10X

Acredito que um dos grandes motivos pelos quais as pessoas não seguem seus objetivos seja porque não os estabelecem alto o suficiente desde o começo. Já li muitos livros sobre estabelecimento de metas, frequentei seminários sobre o tema e sempre vejo as pessoas estabelecerem metas. Com o tempo, nunca vão atrás das mesmas ou se esquecem delas. É comum ouvirmos conselhos contra o "sonhar alto". A realidade é que se você começar pequeno, provavelmente vai seguir pequeno. O fracasso das pessoas em pensar grande normalmente significa que nunca vão agir grande o suficiente; com a frequência e persistência suficientes. Afinal, quem se anima com objetivos chamados de realistas? E quem pode se manter animado em relação a qualquer coisa com uma recompensa – no máximo – mediana? É por isso que as pessoas abandonam os projetos quando se deparam com algum tipo de resistência: seus objetivos não são altos o suficiente. Para não perder o entusiasmo, seus objetivos têm de ser suficientemente importantes para manter sua atenção. Objetivos reais e medianos são quase um desânimo para quem os estabelece. E depois fica difícil alimentar esses objetivos com as ações necessárias.

De fato, a maioria das pessoas é tão desanimada quanto aos seus objetivos que só os escrevem uma vez por ano. Para mim, nada que valha a pena se faz somente uma ou duas vezes por ano. As coisas que mais guiam sua vida baseiam-se nas suas ações diárias. Por isso, procuro fazer sempre duas coisas: (1) anotar meus objetivos todos os dias e (2) escolher metas que estejam fora do meu alcance. Isso me leva a agir no máximo do meu potencial, o que uso para impulsionar minhas ações diariamente. Algumas pessoas acham que estabelecer metas improváveis pode levar ao desapontamento e à perda de interesse. Mas, se seus objetivos forem tão pequenos que você nem precise pensar neles diariamente, aí sim se perde o interesse!

Uma boa ideia é falar dos seus objetivos como se já os tivesse alcançado. Eu tenho um bloco de anotações ao lado da cama para que possa anotar meus objetivos assim que acordo e antes de dormir. Também tenho um no escritório, no qual deixo registrado objetivos novos e melhorados. A seguir, alguns exemplos de objetivos que estou almejando atualmente e a forma como os escrevo. Perceba que os coloco como se já os tivesse alcançado (mesmo que isso não tenha acontecido).

> Eu tenho apartamentos que me dão mais de 12% de retorno de fluxo de caixa positivo.
>
> Estou em ótima forma e perfeita saúde.
>
> Meu patrimônio líquido passa de US$ 100 milhões.
>
> Minha renda passa de US 1 milhão por mês.
>
> Escrevi e publiquei 12 ou mais best-sellers.
>
> Meu casamento é saudável e um modelo positivo para os outros.
>
> Apaixono-me pela minha esposa um pouco mais a cada dia.
>
> Tenho dois filhos lindos e saudáveis.

Não tenho dívidas, a não ser as que são pagas por outros.

Tenho uma casa linda na praia e sem dívidas.

Tenho uma casa de campo em Colorado, com uma vista incrível para as montanhas e os cavalos.

Tenho empresas que posso controlar à distância e há pessoas ótimas trabalhando comigo.

Meus filhos são amigos das pessoas mais poderosas do planeta.

Estou fazendo a diferença positiva na minha comunidade e na política.

Continuo criando programas únicos, que as pessoas querem e que melhoram a qualidade de vida dos outros.

Tenho muita energia e interesse na minha carreira.

Tenho um programa de TV de sucesso que já está na quinta temporada.

Sou uma das pessoas que mais doa para a igreja.

Lembre-se de que estes são alguns dos meus objetivos e só estão sendo utilizados como exemplo de como os escrevo. Também perceba que ainda não alcancei essas coisas.

Estabelecer metas medianas não pode nem vai impulsionar atitudes 10X. Se você começar uma empreitada com este pensamento, vai desistir assim que se deparar com algum desafio, resistência ou condições imperfeitas; a menos que você tenha um propósito maior como motor. Para superar a resistência, você precisa de um grande motivo para chegar lá. Quanto maior e mais irreal for o seu objetivo – e quanto mais você estiver alinhado com seu propósito e dever –, mais ele vai gerar energia e impulsionar suas ações.

Por exemplo, digamos que eu queira economizar US$ 100 milhões em uma conta bancária. Alguém precisa de US$ 100 milhões? Não! É um objetivo. E quanto mais atraente ele for, mais você ficará motivado a se mover nessa direção e superar a resistência. Se você quiser adicionar ainda mais energia aos seus objetivos, então assegure-se de que estes estão ligados a algo maior. Por exemplo, alguém que quer ganhar dinheiro, mas não sabe o que fazer com ele, pode conseguir o dinheiro e, depois, desperdiçá-lo. Ao estabelecer um objetivo, seja claro sobre o que você quer dele e, aí sim, relacione-o a um propósito maior. Pense grande quando estabelecer metas. Muitas pessoas fazem do dinheiro o objetivo, mas depois destroem a riqueza que construíram.

Veja quantas pessoas queriam ser ricas, conseguiram e depois morreram sem nada. Então, alinhar os objetivos pode ajudar você. Digamos que um dos meus objetivos seja economizar US$ 100 milhões e outro seja usar este dinheiro para ajudar a minha igreja e patrocinar programas que melhorem as condições de vida da humanidade. Este é um exemplo de objetivos relacionados que gera energia para motivar todas as minhas ações e metas.

Um dos primeiros empregos que tive foi no McDonald's. Eu odiava (e não por ser o McDonald's). Odiava porque não estava alinhado aos meus objetivos e propósitos. O cara que trabalhava comigo amava o emprego porque estava alinhado às suas metas. Eu ganhava US$ 7 por hora, mas queria aprender sobre o negócio e abrir 100 franquias. Ele não entendia por que eu não estava animado e eu não entendia por que ele estava. Eu fui demitido... e ele abriu algumas franquias. Seus objetivos existem para motivar as ações. Então, pense grande, com frequência e alinhe seus objetivos com outros propósitos.

Pergunte a si mesmo se os seus objetivos são iguais ao seu potencial. A maioria das pessoas admite que os objetivos estão abaixo porque a maior parte do mundo foi convencida, persuadida e até educada para pensar pequeno, no alcançável, com objetivos realistas. Se você é pai, tenho certeza que já sugeriu isso aos seus filhos – ou talvez tenha ouvido isso dos seus pais ou colegas de trabalho. Nunca estabeleça metas realistas: você pode ter uma vida realista sem estabelecer nenhum objetivo.

Eu realmente não gosto da palavra "realista" porque se baseia no que os outros – que provavelmente trabalham com os três primeiros níveis de ação – conquistaram e no que acreditam ser possível. O pensamento realista se baseia no que os outros consideram possível, mas eles não são você e não podem saber do seu potencial e propósitos. Se você for estabelecer metas com base no que os outros pensam, então pelo menos se baseie no que os gigantes deste planeta pensam. Eles serão os primeiros a dizer: "Não baseie seus objetivos no que eu fiz porque ainda posso fazer mais". Mas e se você basear suas metas nos jogadores mais top do mundo? O objetivo do Steve Jobs, por exemplo, era "balançar" o universo, criar produtos que mudassem o mundo para sempre. Veja o que ele fez com a *Apple* e a *Pixar*. E se você for estabelecer metas comparáveis às dos outros, pelo menos escolha as dos gigantes que já atingiram níveis altos de sucesso.

Muitas pessoas se encontram no caminho em que estão simplesmente porque estão fazendo o que outras pessoas (medianas) fizeram. A maioria vai para a faculdade não porque quer, mas porque acredita que precisa ir. A maioria tem uma religião só porque foi criada dessa forma. Muitas pessoas falam somente a língua falada nas suas famílias e nunca separam um tempo para aprender outro idioma. Muitos de nós somos influenciados pelas decisões dos nossos pais, professores, amigos e as limitações que impuseram para nós. Aposto que se eu perguntasse para cinco dos seus associados mais próximos sobre seus objetivos, provavelmente poderia identificar também alguns dos seus. Você – e seus objetivos – é manipulado pelos que o rodeiam.

Eu nunca diria a alguém quais são seus objetivos. Porém, aconselharia que, ao estabelecer metas, é importante considerar que você foi educado com restrições. Preste atenção nisso para que não subestime as possibilidades. Então, considere também: (1) Você está estabelecendo essas metas para você e ninguém mais. (2) Tudo é possível. (3) Você tem muito mais potencial do que imagina. (4) O sucesso é seu dever, sua obrigação e sua responsabilidade. (5) Não existe a falta do sucesso. (6) Independentemente do tamanho do objetivo, vai exigir esforço. Após ter analisado esses conceitos, sente-se e escreva seus objetivos. E se comprometa a reescrevê-los todos os dias até que consiga alcançá-los.

Se você subestimar seu potencial, torna-se impossível estabelecer objetivos apropriados. Se forem muito pequenos, você não terá motivação para tomar as atitudes necessárias. Sei que o conceito deste livro NÃO é para todos. Certamente não é para aqueles que pretendem aceitar o mediano e o medíocre, nem para os que preferem relaxar e se acostumar com os restos. Não é para aqueles que querem depender da esperança e da prece para atingir o sucesso. A Regra 10X é destinada às poucas pessoas obcecadas em criar uma vida excepcional e que querem estar no controle deste processo. A Regra 10X descarta o conceito de sorte da sua equação dos negócios e mostra exatamente o pensamento que se deve ter para engatar no sucesso.

Considere o seguinte cenário: digamos que você esteja estabelecendo metas financeiras. Em 2009, o presidente dos Estados Unidos disse que as pessoas que ganhavam US$ 250.000 deveriam ser consideradas ricas. Seguindo a tendência atual, só de impostos você gastaria US$ 100.000. Ou seja, sobraria US$ 150.000. Depois de pagar dois carros, um apartamento e impostos sobre sua propriedade, além de se alimentar, vestir-se e pagar os estudos de seus filhos, talvez você tenha US$ 20.000. Se você economizar este dinheiro pelos próximos 20 anos, terá aproximadamente R$ 400.000 – isso se nada der errado. Agora, considere o fato de que seus pais – possivelmente seus pais e seus sogros – não tenham planejado sua aposentadoria adequadamente. Eles vão viver além do que suas economias vão durar e dependerão de você. Se qualquer uma dessas coisas acontecer, você vai descobrir rápido, e tarde demais, que subestimou seus objetivos financeiros e vai despender mais energia tentando gerenciar o que você gerou do que gastou tentando acumular. E lembre-se: além de cuidar dos seus pais, você terá de guardar dinheiro para a sua própria aposentadoria. Além disso, esse cenário significa não aumentar o custo de vida, não ter más notícias, emergências ou eventos mais graves. Adicione apenas um pouco do que aconteceu nos últimos anos e verá que 90% da população subestimou os objetivos necessários para manter seus estilos de vida e ainda mais seus propósitos de vida. Pensar "pequeno" é, e sempre será, alguma forma de punição.

Vivemos em um planeta onde a crença principal é a subestimação de tudo. As melhores escolas de negócios no país citam a subcapitalização como uma das principais razões para as empresas irem à falência. Isso se deve ao cálculo errado de quanto dinheiro uma empresa gastaria antes do produto dar certo – e é também outro exemplo de como o mediano não funciona.

O maior arrependimento da minha vida não é o fato de não ter trabalhado o máximo possível, porque isso eu fiz. Foi não ter estabelecido metas 10X maiores do que eu havia pensado originalmente. Por quê? Porque meus objetivos foram influenciados e limitados pela forma como fui criado. Não estou culpando ninguém; é só um fato.

Passei os primeiros 30 anos da minha carreira de negócios acertando na parte do esforço em 10X. E vou passar os próximos 25 corrigindo o estabelecimento de objetivos 10X. Então, recomendo o seguinte:

1. Estabeleça metas 10X.
2. Alinhe-as aos seus outros propósitos.
3. Anote-as diariamente quando acordar e antes de dormir.

Exercício

Escreva como sua criação influenciou seu estabelecimento de metas.

____

____

____

____

Que objetivos você estabeleceria se soubesse que poderia alcançá-los?

____

____

____

____

Quais são outros objetivos/propósitos que se alinham com metas importantes que, mais à frente, motivariam suas ações?

____

____

____

____

Veja a lista de objetivos que eu escrevi e encontre duas coisas que todas têm em comum.

____

____

____

____

10

COMPETIR É PARA OS FRACOS

Uma das grandes mentiras da humanidade é a ideia de que a competição é boa. Boa para quem, exatamente? Pode ajudar a oferecer opções aos clientes e convencer os outros a serem melhores. Porém, no mundo dos negócios, você sempre quer estar na posição de dominação e não de competição. Se o velho ditado é "O que vale é competir", o novo é "Se a competição é saudável, a dominação é a imunidade"!

Pela minha experiência, competir com os outros limita a capacidade da pessoa pensar de forma criativa, porque ele ou ela sempre estão atentos ao que alguém está fazendo. Meu primeiro negócio deu certo porque criei um programa de vendas que introduzia um conceito realmente original que não envolvia competição. Era claramente uma nova forma de pensar e atuar com vendas. Ninguém tinha feito nada senão copiar uns dos outros nos últimos 200 anos. Então, ignorei a competição e criei um novo processo de vendas chamado de "Venda com Base na Informação". Isso aconteceu antes da internet e antes que os consumidores tivessem tanta informação à disposição. Eu previ que os vendedores teriam de se livrar dos antigos métodos de venda e aprender a usar a informação para ajudá-los. Embora eu estivesse à frente do meu tempo e mesmo que os pensadores tradicionais resistissem, já que a internet atinge uma grande massa, a venda com base na informação tornou-se uma técnica e minha concorrência ficou para trás, com seus sistemas e processos antiquados. Eu fiquei por cima porque as pessoas adoravam ver algo completamente novo. Quem pensa "para frente" não copia. Eles não competem – mas criam. Também não olham para o que os outros fizeram.

Não permita que competir seja o seu objetivo. Ao contrário, faça tudo o que for possível para dominar a sua área e evitar perder seu tempo perseguindo alguém. Não deixe que outra empresa defina o ritmo do negócio, esta deve ser a função da sua empresa. Esteja sempre na frente. Faça com que os outros queiram perseguir você e tentem ser como você, e não o contrário. Isso não significa que você não deve estudar as melhores práticas dos concorrentes; porém, deve ser seu trabalho elevar os conceitos a outros níveis. Por exemplo, a *Apple* faz computadores e *smartphones*; não copiou simplesmente o que a *Dell*, *IBM*, *Rimm* e outras estavam fazendo. A *Apple* não compete: domina, define o ritmo e faz com que os outros tentem duplicar seu sucesso. Não estabeleça objetivos em um nível competitivo. Estabeleça-os de forma que dominem completamente seu setor.

Você pode se perguntar: como é possível dominar? O primeiro passo é decidir que quer fazê-lo. Então, a melhor forma de dominar é fazer o que os outros se recusam a fazer. É isso mesmo: faça o que os outros não farão. Isso fará com que você imediatamente consiga um espaço para si mesmo e crie uma vantagem desleal. Deixe-me esclarecer: eu quero uma vantagem desleal se conseguir criar uma. Embora eu seja sempre ético, nunca jogo limpo. Procure maneiras de conseguir vantagens desleais – e uma forma certeira é fazer o que os outros não fazem. Encontre algo que não possam fazer, talvez por conta de seu tamanho ou comprometimento com outros projetos, e explore isso. Talvez estejam fazendo cortes em tempos de incerteza econômica. Esse seria o seu momento de expandir para esses espaços em que eles estão contraindo. Trabalhava com uma empresa de implantes dentários e eles me disseram que o líder da área tinha cortado as despesas de viagem e decidido que todo o contato com o cliente seria feito por telefone e pela internet. Para conseguir uma vantagem competitiva, decidimos dominar os contatos pessoais enquanto o líder se retraía. Dominação – e não competição!

Nunca jogue o jogo das normas pré-estabelecidas com as quais os outros operam. As regras, normas e tradições de qualquer grupo ou área de atuação costumam ser armadilhas que previnem novas ideias, altos níveis de sucesso e dominação. Você não quer só fazer parte de uma raça, quer estar no topo da lista das considerações. Até melhor, você gostaria de ser o único considerado uma solução viável. Você precisa ter a atitude de que tem tanto poder que seus clientes, seu mercado e até sua concorrência se lembrem primeiro de você quando pensam no que fazem. A *IBM* fez isso tão bem que todos os PCs eram chamados de *IBMs*. Um tempo atrás, a *Xerox* conseguiu tanto sucesso com as copiadoras que não se usa mais fazer cópias, mas tirar uma xerox. Esta é a pura dominação de um setor e a forma não correta de proteger o nome de sua marca. O objetivo da minha empresa de treinamento de vendas não é competir com as outras em espaço para vendas ou clientes. Nosso objetivo é, literalmente, ter certeza de que todos os seres humanos do planeta pensem em Grant Cardone quando ouvirem o termo treinamento de vendas. Possível? Provavelmente, não. É o objetivo que usamos para tomarmos decisões. Não estamos competindo com ninguém para sermos os melhores do setor. Nosso objetivo é dominar o pensamento das pessoas para que meu nome seja sinônimo de treinamento de vendas. Procure no *Google* o termo "motivação para vendas" e veja meu vídeo aparecer. É assim que se desenvolve um setor, objetivo ou qualquer empreitada – para dominá-lo completamente.

Você sempre pode aprender com aqueles que querem competir, só não os persiga. Sam Walton, fundador do *Wal-Mart*, era conhecido por fazer compras toda semana em outras lojas para ver o que eles faziam bem e melhorar nisso. Ao mesmo tempo, ele também almejava a dominação, e não a competição. Se você vai duplicar o que os outros fazem de melhor, então ataque-os, seja muito bom nessa prática e faça com que ela seja sua. Aperfeiçoe as especialidades alheias para que elas se tornem sua vantagem. Faça isso até que se torne expert, um líder nessa área e a domine tanto que os outros nem queiram mais tentar. Você não tem que ser o pioneiro, mas é importante ser considerado dessa forma – se é que me entende. A mensagem que você quer enviar ao mercado por meio de suas ações persistentes é: "Ninguém pode me alcançar. Eu não vou embora. Eu não sou um competidor. Eu sou o negócio".

A maioria de vocês terá menos dinheiro que alguns dos líderes da sua área. Mesmo que tenha menos dinheiro que os outros, não significa que esteja em desvantagem. Embora eles possam gastar ou fazer mais publicidade, você com certeza trabalha mais com o uso das mídias sociais, visitas pessoais, correspondência, e-mail, *network*, e daí por diante. Crie campanhas utilizando os recursos que estiverem ao seu alcance. Não existe falta de energia, esforço, criatividade ou quantidade de contatos possíveis a serem feitos com os clientes. Use variações de campanhas ou ofertas, informação, vídeo, *links*, validação de terceiros, correspondência, e-mails, telefonemas e visitas pessoais para contra-atacar as campanhas caras e, às vezes, descartáveis, utilizadas pelos grandes jogadores. Cuidado: ao atacar sua concorrência na propaganda (nem que seja de forma mínima), nunca subestime quanta atividade é necessária para ser notado e manter a atenção na sua área. Por exemplo, as pessoas acham que criam algum efeito postando duas vezes por dia no *Facebook* ou no *Twitter*. Você não entende o que é uma ação potencializada se pensar pequeno, e com certeza subestima o tamanho da Internet se acha que dois *posts* por dia farão com que você seja notado. Como qualquer outro aspecto que envolve o crescimento do seu negócio, é preciso se mostrar cada vez mais e deixar claro que você não vai a lugar algum.

O bom das redes sociais é que qualquer um pode fazer parte do negócio, independentemente da situação financeira em que se encontra. Isso dá espaço à criatividade ilimitada e traz resultados somente para aqueles que sabem usá-la consistente e persistentemente. Quando comecei a usar as mídias sociais, postava duas vezes por dia. Não sei o que estava pensando – era um momento de "pensar pequeno". Simultaneamente, começamos a mandar e-mails uma vez por mês e a receber pedidos de pessoas que queriam ser removidas da nossa lista. Meus amigos sugeriram que eu parasse. Foi aí que acordei e retomei os sentidos. Em vez de parar com tudo, decidi aumentar o número de posts para 10 vezes o que estávamos fazendo. Assim, instruí meus funcionários que começassem a enviar informativos eletrônicos duas vezes por semana, em vez de mensalmente (oito vezes) e pessoalmente comecei a postar comentários no *Twitter* 48 vezes por dia (uma vez a cada 30 minutos). Todos eram escritos por mim e estavam programados para serem postados na hora correta. Você deve estar pensando que as reclamações e pedidos para retirar os e-mails da lista aumentaram com essa campanha em massa. Mas isso não aconteceu. Ao contrário, começamos a receber e-mails e *posts* positivos sobre o meu nível de participação e elogios pela minha vontade de oferecer às pessoas ofertas e informação motivacional. As perguntas não paravam de chegar: "Como você consegue fazer tudo isso? Sua equipe tem quantas pessoas? Onde você encontra tempo? Você descansa?". E para cada pessoa que comentava, deveria haver mais de 1.000 pensando a mesma coisa... E em quem você acha que elas estavam pensando? Isso não foi caro e só me custou energia, esforço e criatividade.

Enquanto eu fazia isso, perguntaram para o cara com quem sou comparado o que ele achava das mídias sociais. Ele respondeu: "Ainda estou estudando". Enquanto ele estuda, eu estou caindo em cima delas. Um dia postei no *Twitter:* "Vou fazer do *Twitter* meu cachorrinho".

Este é um ótimo exemplo de dominação, pensamento e ação agressivos que não custam nada. Pense sobre a dominação da seguinte forma: você não domina se não se insere e você não se insere utilizando níveis razoáveis de ação. O seu maior problema é a obscuridade – outras pessoas não sabem quem você é e não pensam em você.

Outro problema para todos nós é ultrapassar a quantidade de informações do mercado. É preciso fazer duas coisas: (1) ser notado e (2) ultrapassar o "barulho". No meu caso, se tivéssemos optado por parar de enviar e-mails para satisfazer alguns insatisfeitos, não teríamos expandido nossa base de contatos. Quanto mais eu postava, mais pessoas gostavam de nós. Quanto mais aparecíamos, mais pessoas estávamos ajudando. Enquanto arrasávamos no novo programa, até víamos *posts* da concorrência me sacaneando. Até esses comentários levavam mais atenção a mim e ao meu negócio. Duas coisas acontecem quando você age na medida certa: (1) você arranjará novos problemas e (2) sua concorrência passará a promover você. Adoro quando causo um impacto assim, que leva pessoas que nem me conhecem a falar sobre meu negócio, meus produtos e o que eu estou querendo.

Defina a capacidade, as ações e a linha de pensamento daqueles com quem você compete. Faça o que eles não fariam, vá aonde eles não iriam, pense e aja 10x mais até que eles não entendam nada. Não desperdice seus esforços em competir em relação às melhores práticas: leve suas ações a níveis considerados absurdos pelo mundo, a um lugar onde você está fazendo essas coisas que só você e sua empresa fariam, poderiam ou gostariam de fazer – algo que eu chamo de "práticas únicas".

Identificamos lugares nos quais as "práticas únicas" poderiam ser utilizadas em uma empresa para a qual fiz consultoria. Descobrimos que a indústria, de modo geral, lutava com a prática de fazer o *follow-up* dos clientes. Então, vimos o que a concorrência não faria e descobrimos que nenhum deles ligava para os clientes depois que saíam da loja. Isso levou a empresa a iniciar programas nos quais os clientes recebiam ligações enquanto iam para o estacionamento. Os gerentes, então, começaram imediatamente a ligar nos celulares dos clientes assim que estes saíam da empresa e pediam que voltassem. Se caísse na caixa postal, o gerente deixava uma mensagem: "Por favor, volte imediatamente. Tenho algo que você precisa ver". Ou o gerente enviava uma mensagem de texto sugerindo que a empresa tinha algo para mostrar para o cliente naquela hora. Se nenhum contato de sucesso acontecesse, outro gerente repetia a ação de ligar de volta no mesmo dia e novamente na manhã seguinte. Os resultados eram absurdos. Quase 50% dos clientes retornavam imediatamente e quase 80% dos que voltavam tornavam-se compradores. Outros 20% voltavam como resultado de ligações feitas mais tarde e alavancavam as vendas daquela organização a novos níveis. Este é um exemplo de "prática única".

Não importa o que você faça, é importante que seu objetivo seja dominar o setor com ações que sejam imediatas, consistentes, persistentes e a níveis que ninguém mais esteja apto a operar ou duplicar. Faça qualquer ação e a potencialize em um nível que separe você e sua empresa de todos os outros que estejam na sua área de atuação. Esteja disposto a usar toda a energia, o esforço e a criatividade para se destacar como o único jogador da área. Aprenda a dominar sendo o primeiro a vir na mente do seu público, seus clientes e até sua concorrência. As condições de mercado não vão melhorar até que você melhore sua forma de pensar e agir. Mesmo que sua área seja fraca, você sofre menos ao dominá-la.

Mercados fracos criam oportunidades, pois os jogadores deles tornam-se tipicamente dependentes e fracos, porque não sabem como trabalhar em um ambiente mais desafiador. Não tenha pena deles: domine-os. Eles não estão com falta de sorte, é seu modo mediano de pensar e agir que os leva à falência. O mercado é cruel e pune todos aqueles que não agirem na medida certa. Agora é hora de mudar todos os seus pensamentos e ações na direção de dominar seu setor, mercado e competição – e todos os pensamentos dos clientes em potencial. Pare de pensar em competir. Apesar do que dizem, não é saudável. É para os fracos.

Exercício

Qual é a diferença entre dominar e competir?

____
____
____
____
____

Se a competição é saudável, a dominação é ________________
____.

Qual é a diferença entre as melhores práticas e as práticas únicas?

____
____
____
____
____
____

Quais são algumas práticas que separam você de sua concorrência?

____
____
____
____
____
____

11

SAINDO DA CLASSE MÉDIA

Por favor, não se ofenda com o que escreverei neste capítulo. Sei que muitos passaram a vida tentando entrar na classe média e estou prestes a dizer que este era o objetivo errado. Tenha a mente aberta. Ainda vou escrever um livro inteiro sobre isso. Mas, por enquanto, vamos pensar somente em sair do que eu chamo de "mentalidade de classe média". Acredito que possa afirmar que a classe média é o grupo que mais se prejudica pelos pensamentos e ações de seus membros – deixando-os mais suscetíveis à insegurança e à dor. Embora este seja um grupo do qual muitas pessoas aspiram fazer parte, também parece ser o mais manipulado, preso e arriscado. A classe média é de fato um bom status, como você foi levado a crer? Você sabe o que significa ser da classe média ou o que coloca a pessoa nesse grupo? Antes de decidir aonde ir ou o grupo ao qual quer pertencer, seria inteligente analisar as estatísticas deste grupo.

A Renda da Classe Média

Relatórios do *Wikipedia* e do Censo 2008 sugerem que a renda da classe média varia entre US$ 35.000 e US$ 50.000 por ano. Veja outros estudos e esses números vão de US$ 22.000 a R$ 65.000 por ano. Não é nenhum segredo que seria muito difícil viver com essa renda em uma área urbana como Nova York ou Los Angeles e muito menos sentir-se seguro financeiramente. Essa experiência não é o que a maioria das pessoas considera uma situação desejável.

A classe média é dividida ainda em alta e baixa. A classe média alta normalmente consiste de pessoas que possuem bens substanciais e ganhos de mais de US$ 1 milhão por ano, embora não haja explicação para o US$ 1 milhão ser um marco. Acho que soa bem. A maioria das pessoas acha que US$ 1 milhão é muito dinheiro – até que alcancem essa soma. Aí, percebem que não leva muito tempo para que suas decisões e considerações tendam a mudar quando ele, ou ela, entra em um novo nível de renda.

As pessoas da suposta classe média alta ocupam posições mais importantes nos seus escritórios e são consideradas mais estáveis financeiramente do que muitos de seus colegas. Pode ser que seja assim – até que algum tipo de destruição econômica aconteça. Aí, vemos que até este grupo está desprotegido. Seus membros devem receber um aumento considerável em suas rendas devido ao crescimento econômico da nação em tempos prósperos. Eles têm mais rendimento disponível do que os pertencentes à classe média baixa, que consiste de pessoas que tem qualificações de educação básica e uma renda média entre US$ 30.000 e US$ 60.000. A classe média baixa constitui uma grande parte da população total dos Estados Unidos. Este grupo está sempre lutando para chegar à classe média alta; porém, em tempos de crise, todos são puxados para baixo.

Um cliente meu me enviou uma mensagem de texto no dia 26 de um mês recente perguntando: "Grant, preciso de US$ 10.000 de lucro líquido para manter minhas portas abertas este mês. Como posso fazer isso?". Sem querer, recebi esta mensagem durante um jogo de futebol de domingo, então perguntei: "Você está assistindo o jogo hoje?".

Ele respondeu: "Sim". Eu disse: "O que você está fazendo, tirando o domingo de folga para assistir o jogo?! Você deveria estar distribuindo folders, passando todas as horas tentando gerar renda além do que você precisa. Falando nisso, você precisa de US$ 100.000 de lucro líquido – não US$ 10.000". "Domingo", ele disse, "é um dia de descanso". Meu Deus. Eu respondi: "Sim, é descanso para aqueles que trabalharam os outros seis dias! Deus não estava se referindo às pessoas que estão sem dinheiro e não mereceram o dia de descanso. Então, desligue o jogo, saia do sofá e vá buscar o dinheiro que precisa! Pare de ser um escravo da classe média e gere mais renda para se sentir seguro e ter liberdade financeira – para você, sua casa e sua empresa!". Acho que ele entendeu o recado.

Meu cliente está em risco porque trabalha com base no que precisa, e assim está só "sobrevivendo". Infelizmente, essa mentalidade da classe média não gera segurança financeira. Os bancos levaram tudo o que ele tinha. Ele não podia mais depender de crédito e agora só depende de suas próprias ações. Este é o problema de muitos membros da classe média. Eles correm atrás do que consideram necessário em vez de ir atrás de algo maior. A maioria das pessoas acredita que uma vida confortável de classe média inclui roupas, casa, alguns carros, férias, talvez uma posição de gerência e algum dinheiro no banco.

Porém, dependendo do período da História a que nos referimos, o termo "classe média" tem uma variedade de significados – muitos deles foram, e ainda são, contraditórios. Já esteve relacionado à classe de pessoas entre os camponeses e os nobres, enquanto outras definições sugeriam que a classe média tinha capital suficiente para serem comparados aos nobres. Claramente esse significado já se desenvolveu muito. Por exemplo, na Índia, pessoas da classe média são aquelas que moram em uma casa própria, enquanto um trabalho braçal nos Estados Unidos já as insere na classe média – e, na Europa, isso as leva à classe proletária.

Uma importante diferença que gostaria de destacar é a minha própria ideia de "classe média" como sendo uma linha de pensamento, mais do que um nível de renda. Alguém que ganha US$ 1 milhão por ano ainda pode ter atitudes e pensamentos de classe média. É mais como uma mentalidade que cria a armadilha para que as coisas deem errado. A classe média é, em grande parte, um objetivo que não vai lhe dar o que você realmente quer. É "média" – normal ou mediano –, ou seja, sinônimo dos termos que já consideramos como muito pouco atrativos.

Mas o que significa a classe média para a maioria das pessoas hoje em dia? Em fevereiro de 2009, o jornal *The Economist* anunciou que mais da metade da população mundial pertence a este grupo como resultado do rápido crescimento dos países emergentes. O artigo caracterizava a classe média como pessoas que têm uma renda razoável e não precisam mais apenas sobreviver, como no caso dos mais pobres. Foi definido como o ponto em que as pessoas têm basicamente um terço de sua renda sobrando para gastos extras, depois de pagar o básico, como comida e casa.

Porém, não sobra um terço da renda para quase nenhum membro da classe média de hoje. Este grupo está sendo afetado por algo chamado de aperto da classe média – uma situação em que os aumentos de salário não acompanham a inflação. Ao mesmo tempo, o fenômeno não tem um impacto grande para aqueles com maiores salários. Adicione a isso o fato de que muita da suposta riqueza da classe média vem de cálculos envolvendo crédito, que estão mais no papel do que em dinheiro de fato.

As pessoas que pertencem à classe média descobrem que sua dependência do crédito – que piorou com o colapso do mercado interno – evita que elas mantenham o estilo de vida da classe média, fazendo com que o caminho para baixo seja uma ameaça para lutar com as aspirações de subir na vida. Estas são a gravidade, a resistência e as condições inesperadas que mencionei antes. Este grupo, então, vê a renda da classe média cair, da mesma forma que os empregos se vão. E, pela primeira vez na História, estamos vendo mais homens perdendo empregos do que mulheres, pois os homens mais bem pagos estão sendo demitidos e os que recebem menos são mantidos. Ao mesmo tempo, os preços dos itens básicos – como energia, educação, moradia e seguro – continuam a subir, enquanto os salários caem. Esse tipo de situação sempre afeta grupos grandes de pessoas. A riqueza não depende de renda e débito, e os pobres recebem ajuda para a qual a classe média não se qualifica.

Para a maior parte das pessoas, ser da classe média significa ter um trabalho confiável, um bom salário, uma assistência média consistente, uma casa confortável em um bairro agradável, uma boa educação (o que quer que isso signifique) para os filhos, férias (isso é altamente valorizado) e dinheiro na previdência que ofereça uma aposentadoria decente. Mesmo assim, tudo isso – que foi desvalorizado por muito tempo – está agora uma confusão, graças à situação do mercado interno e ao colapso no crédito. A classe média está em apuros, e as esperanças voltadas a aguentar firme ou recuperar conquistas do passado. A média de renda deste grupo está sempre caindo. Os empregos estão em risco, assim como as economias e os investimentos. As férias tão apreciadas do passado têm chance de se tornarem uma visita ao parque do bairro.

Para que estou falando tudo isso? Pergunte às pessoas da classe média se isso é seguro ou desejável – e embora elas digam que são gratas por não serem "pobres", elas provavelmente vão dizer que se sentem mais do proletariado do que da classe média. Considere também que o dólar hoje vale menos do que valia ontem – e amanhã será ainda pior. Alguém que ganha US$ 60.000 por ano paga US$ 15.000 de impostos. Se essa pessoa tiver sorte, fica com US$ 45.000 por ano – o que vale, de fato, só US$ 32.000 – para casa, escolas, seguro, comida, carro, combustível, emergências médicas, férias e economias. Parece desejável para você?

A classe média foi um sonho vendido a todos os americanos como um bom objetivo de vida. Mas, na realidade, só é perto do "bom" – e, provavelmente, a melhor descrição para isso é uma grande emboscada.

Eu insisto que a classe média é a mais suprimida, restrita e confinada classe econômica do mundo. Aqueles que querem fazer parte dela são levados a pensar e agir de maneira que "o suficiente" seja a recompensa. A ideia de que alguém possa ter o suficiente para estar "confortável" ou "satisfeito" é um conceito que foi vendido – pelo sistema educacional, pela mídia e pelos políticos – para convencer uma população inteira de pessoas a se acomodar ao invés de lutar pela abundância. Porém, basta pensar um pouco para descobrir que essa promessa não tem realizações. Hoje, os 5% mais ricos controlam US$ 80 trilhões, o que é mais dinheiro do que já foi criado na História da humanidade. Se você soubesse que tem a mesma energia e criatividade para subir ao próximo nível, você não tentaria?

Exercício

Antes de ler este capítulo, como você via a classe média?

Quais são os níveis de renda da classe média?

O que significa a classe média para você agora?

12

OBSESSÃO NÃO É DOENÇA; É UM DOM

O dicionário define o termo "obcecado" como "a dominação dos pensamentos e sentimentos de alguém por uma ideia, imagem ou desejo persistente". Embora o resto do mundo tenha a tendência de tratar essa ideia como uma doença, eu acredito que seja o adjetivo perfeito para definir como alcançar o sucesso. Para dominar seu setor, objetivo, sonho ou ambição, é preciso antes dominar seus interesses, pensamentos e consideração. A obsessão não é algo ruim neste caso: é um requisito para chegar aonde se quer ir. Na verdade, você pode ser tão fanático em relação ao sucesso que o mundo vai ter certeza que não vai voltar atrás ou fugir. E até que esteja completamente obcecado pela sua missão, ninguém vai o levar a sério. Até que o mundo entenda que você não vai a lugar nenhum – que está 100% comprometido e que tem a convicção e persistência para correr atrás do seu projeto –, não vai conseguir a atenção que deseja e o apoio que quer. Neste contexto, a obsessão é como uma fogueira: você quer que ela seja grande para que as pessoas sentem ao redor dela com admiração. E, assim como a fogueira, é preciso continuar colocando lenha para sustentar o calor e o brilho. Você fica obcecado para manter o fogo queimando – ou vai se transformar em cinzas.

Para criar uma realidade 10X, é preciso acompanhar todas as ações com obsessão para vê-las chegar ao sucesso. Você deve estar muito motivado para agir em níveis 10X todos os dias. Embora as pessoas ajam constantemente, sabemos que muitas dessas ações não vão levar a nada. Muitos estão fazendo nada, ou já desistiram, e outros voltam atrás na tentativa de evitar o fracasso e experiências negativas. Uma grande parte da população meramente trabalha em níveis normais para sobreviver e fazer parte da sociedade. Falta a obsessão em cada um desses grupos, para que vejam suas ações até que alcancem o sucesso. A maioria das pessoas só se esforça o suficiente para que a atividade seja um trabalho, enquanto as pessoas com mais sucesso acompanham obcecadas cada ação para que cheguem a uma recompensa.

Se você ficar obcecado com sua ideia, propósito ou objetivo, ficará igualmente focado na ideia de fazer com que isso dê certo. Qualquer um que decida, de fato, criar uma sobrevivência 10X positiva e duradoura terá que analisar cada momento, decisão, ação e cada dia com este nível de fixação. Afinal, se suas ideias não ocupam seus próprios pensamentos, como você pode querer que ocupem os pensamentos dos demais? Algo tem de tomar conta de seus pensamentos todos os segundos do dia – então, o que seria? Seja obcecado com alguma coisa. Faça com que seus sonhos, objetivos e missão sejam a principal preocupação da sua mente e das suas ações!

A palavra "obcecado" pode ter uma conotação negativa, pois muitos acreditam que a obsessão com algo (ou alguém) normalmente é destrutiva ou prejudicial. Mas aponte-me alguém que tenha tido grande sucesso sem ser obcecado. É impossível. Qualquer pessoa ou grupo que realizou alguma coisa significativa era completamente obcecado com isso. Seja um artista, um músico, um inventor, um executivo, um agente ou um filantropo: sua grandeza foi resultado de sua fixação.

Alguém uma vez me perguntou se eu sempre tinha sido obcecado com o trabalho e o sucesso como sou hoje. Eu respondi: "Claro que não"! No começo, eu era – até mais ou menos meus 10 anos. Depois, deixei para lá e só voltei a ser obcecado aos 25 anos. Fiquei assim – com mais ou menos intensidade – desde então, e me arrependo por aqueles anos nos quais não fui obcecado com meus sonhos e objetivos. Posso dizer que minha vida tem sido muito melhor desde que me apaixonei pelos meus sonhos e metas – até quando as coisas dão errado.

Recentemente, vi uma entrevista na televisão com o presidente de Israel, Shimon Peres. À época, o sr. Peres tinha 87 anos e já tinha dado 900 entrevistas nos últimos 18 meses. Sua obsessão com a missão o deixa mais jovem e cheio de energia – apesar da idade. Até aqueles que não acreditam na sua missão devem admirar seu comprometimento, demonstrado quando ele diz que "trabalho é melhor que férias – é importante ter um motivo para acordar todos os dias". Inúmeras pessoas de sucesso concordam com o sentimento de que suas carreiras não parecem um trabalho, mas sim algo que amam fazer. Isso é a obsessão na sua melhor forma.

As crianças são um ótimo exemplo de obsessão. Ficam quase instantaneamente obcecadas com qualquer tarefa que encontram – aprender, fazer mímica, descobrir, brincar e usar sua energia para qualquer coisa que prenda seu interesse. A menos que alguma parte de seu desenvolvimento seja tardio, nenhuma criança enxerga suas atividades sem total obsessão e completa preocupação do que desejam – seja um boneco, um brinquedo, comida, a atenção do pai ou uma necessidade urgente. Dessa forma, vemos que a obsessão é um estado natural do ser humano. Não é um "problema" até que o pai, a mãe, um cuidador ou professor – e, eventualmente, a sociedade como um todo – comece a suprimir esta obsessão. Eles costumam fazer com que a criança sinta que seu comprometimento com um objetivo é errado ao invés de algo natural e correto!

Nesse ponto, muitas crianças passam a crer que seu interesse intenso pela vida e pela descoberta – seu comprometimento inato – é algo errado. Eles, de fato, sofreram *bullying* – daqueles que há muito tempo desistiram de suas próprias obsessões – para mudar seu comportamento. É nesse momento que a pessoa sai dos altos níveis de comprometimento e vai em direção aos níveis medianos.

Para que você não pense que estou falando de algo sobre o qual não tenho nenhuma experiência, devo dizer que acabo de ter minha primeira filha. Devo admitir que, embora sua natureza obsessiva possa ser inconveniente para mim às vezes, eu nunca vou suprimir isso. Quero muito que minha filha seja obcecada com qualquer que seja seu sonho, nunca desista de conquistá-lo e passe o resto da vida melhorando-o. Adoro o sentimento que vem com a obsessão por uma ideia e admiro as pessoas que são assim tão fanáticas. Quem não se comove com pessoas ou grupos que vão atrás do que acreditam de coração – que são tão consumidos pelas próprias ideias que acordam todos os dias para ir atrás de um sonho, trabalham nisso o dia todo e depois vão dormir sonhando com a mesma coisa a noite toda? Assim que as outras pessoas veem a intenção, a convicção e o comprometimento nos pensamentos, olhos e movimentos desses indivíduos, rapidamente abrem espaço para eles. Sugiro que você seja obcecado com as coisas que quer. Senão, vai passar a vida inteira obcecado por inventar desculpas para não ter tido a vida que queria.

É uma pena que as pessoas obcecadas e motivadas sejam categorizadas como desequilibradas, *workaholics*, obcecadas e muitos outros estereótipos. E se o mundo visse essa paixão, obsessão e desejo como presentes, ao invés de defeitos ou doenças? Todos nós realizaríamos mais, não? Por que as pessoas têm de transformar a paixão pela excelência e uma obsessão pelo sucesso em algo negativo?

Porém, o interessante é que, quando os obcecados finalmente atingem o sucesso, não são mais tachados de loucos, mas sim de gênios, exceções à regra e extraordinários. E se o mundo admirasse, esperasse e até exigisse que todos nós trabalhássemos todos os dias com um foco obsessivo em nossos objetivos? E se puníssemos as pessoas que não agissem com paixão e comprometimento e dessemos recompensas àqueles que enxergassem seus projetos até o final? Nossa sociedade estaria repleta de invenções, soluções, novos produtos e eficiência. E se o mundo encorajasse a obsessão em vez de julgá-la? E se o único obstáculo para a sua grandeza fosse ter de ir atrás de tudo com obsessão, persistência, como se isso fosse salvar sua vida? Bem, e não é assim que funciona?

Os seres humanos teriam chegado ao espaço se um grupo de pessoas não tivesse ficado obcecado com isso? Um país pode ser grande sem que seus líderes sejam obcecados com a grandeza? Algum líder memorável iria desistir de seus sonhos ou encorajar a equipe a adotar a atitude "tanto-faz"? Claro que não! Você quer uma equipe drogada, letárgica e robótica ou uma obcecada com resultados positivos e vitória? Nunca corte nada, nem dilua a grandeza. Não diminua a potência do seu motor e nem coloque um limite para sua ambição, motivação e paixão. Exija obsessão de si mesmo e daqueles ao seu redor. Não considere a obsessão como algo errado; pelo contrário, faça dela seu objetivo. A obsessão é necessária para estabelecer objetivos 10X e acompanhá-los com ações 10X.

Lembre-se também que estabelecer objetivos pequenos não faz com que você tenha força o suficiente, nem que aja de forma adequada para ultrapassar a resistência, a competição e as mudanças. Nada grandioso acontece sem que alguém esteja obcecado com o conceito – e depois fique obcecado enquanto enxerga cada tarefa, desafio e momento como vitais, necessários e obrigatórios. A capacidade de ser obcecado não é uma doença: é um presente!

Exercício

Escreva os nomes de três pessoas obcecadas que fizeram algo grandioso.

De que coisa boa você precisa para ser obcecado novamente?

Por que é melhor ser obcecado do que não ser?

Que objetivo o tornaria obcecado?

13

VÁ COM TUDO E SE COMPROMETA AO EXTREMO

Agora que já reabilitei sua opinião quanto à obsessão – espero –, vamos discutir sobre o que você deve fazer para ir "com tudo" em cada ação e se comprometer completamente com cada oportunidade.

A maioria das pessoas conhece o conceito do "*all in*" (ou "ir com tudo", em português) como um termo do pôquer. É o que acontece quando um jogador coloca todas as suas fichas em risco, podendo ser derrotado ou dobrar seu dinheiro. Embora eu não esteja falando de dinheiro e nem de fichas, estou me referindo a uma aposta muito mais importante – seus esforços, criatividade, energia, ideias e persistência. A ação potencializada não é como uma mesa de pôquer: na vida, suas fichas nunca acabam, assim como sua energia e esforço não acabam porque você se comprometeu com algo. As fichas mais valiosas que você tem são seu pensamento, ações, persistência e criatividade. Você pode agir de modo "*all in*" com energia quantas vezes quiser – porque mesmo que dê errado, você pode continuar agindo assim!

A maior parte da sociedade não estimula a mentalidade de "ir com tudo" porque somos ensinados a agir com segurança e não arriscar nada. Somos motivados a nos conservar e proteger das perdas em vez de tentar uma recompensa maior. Os gigantes do planeta estão dispostos a fazer as grandes jogadas. O pensamento é novamente baseado no mito de que sua energia, criatividade e esforços são coisas materiais limitadas que não podem ser substituídas. Existem algumas coisas na vida que têm limites. Mas você não tem, a menos que os imponha a você mesmo.

É muito importante que se conscientize em relação às ações e que entenda que não há limites para continuar agindo. Você pode ter sucesso ou fracassar quantas vezes forem necessárias. Além disso, não é possível se sair muito bem em algo se, em princípio, não tropeçar. Também não vai conseguir ter muito sucesso se não se disciplinar a "ir com tudo".

Todos nós conhecemos a fábula da tartaruga e da lebre. A lição implícita, claro, é que a tartaruga vence porque vai no seu tempo, enquanto a lebre tem pressa, fica cansada e perde a oportunidade de ganhar. Na teoria, o significado é que deveríamos ser como a tartaruga – pessoas que chegam aos seus objetivos devagar e sem pressa. Se houvesse um terceiro personagem na fábula que tivesse a velocidade da lebre e a morosidade da tartaruga, ganharia dos dois e não haveria competição. A fábula seria chamada, nesse caso, "Vencedor". A sugestão aqui é analisar seus objetivos como a tartaruga e também a lebre – atacando rapidamente desde o começo e também ficando com os outros durante a "corrida".

Lembre-se: não há limites para quantas vezes você pode ir em frente e continuar! Não há fracasso a não ser que você desista! É impossível "gastar" toda a sua energia ou criatividade. É impossível que se acabem todas as ideias. Você nunca vai perder a capacidade de ter novos sonhos, ter mais energia, pensar criativamente, olhar para uma situação de modo diferente, ligar novamente para alguém, usar outra tática ou agir com persistência. Sempre haverá outra maneira, outro dia e outra chance. Se o banco com o qual você trabalha continua a oferecer novas quantidades de energia, criatividade e persistência, por que não ir com tudo?

Empreendedores e, principalmente, vendedores, sofrem muito quando não conseguem ir com tudo – este é um dos assuntos que discuti no primeiro livro, *Sell to Survive* (Vender para viver, sem tradução para o português). Muitos profissionais de vendas dão a si mesmo muito mais crédito por tentarem fechar um negócio do que merecem e pensam que estão fazendo mais do que de fato fazem. Na verdade, muitos nem sequer tentam fechar o negócio uma vez, imagine as cinco vezes que são supostamente necessárias.

Minha empresa foi recentemente contratada para conduzir uma campanha de "compras misteriosas" para que uma empresa internacional pudesse identificar os pontos fracos do processo de vendas. Estávamos tentando coletar informações em relação a que aspectos as franquias precisavam de ajuda. Visitamos mais de 500 locações para observar a porcentagem de vezes que a força de vendas conseguia fazer com que o cliente ao menos perguntasse sobre de um produto. Para a surpresa da empresa, 63% das locações nem apresentavam ao cliente uma proposta de compra, e muito menos pediam ao nosso cliente misterioso que efetuasse a compra! Essa empresa estava prestes a gastar milhões em um programa de treinamento voltado ao produto quando, na verdade, este não era o problema. As franquias e suas equipes de vendas tinham medo da rejeição e nem tentavam atuar – muito menos ir com tudo.

Se um cliente vem até você ou se você tem a chance de estar cara a cara com um cliente para falar sobre o seu produto, mas nunca apresenta uma proposta, garanto que não vai fechar o negócio 100% das vezes. A sociedade nos ensinou a sermos cautelosos em vez de irmos com tudo com todos os clientes e oportunidades. Isso se inseriu no mundo dos negócios em relação à média das vendas, o que supostamente influi na taxa de sucesso de um vendedor. Vou lhe contar como eu faço: quero ir com tudo com todos os clientes, a todo o momento, e ter a menor média de vendas, mas a maior produção! *All in*. Não importa quantas vezes vou me dar mal, simplesmente recarrego minhas fichas e jogo novamente!

Pense um pouco: qual é a pior coisa que pode acontecer se você entrar de cabeça em uma situação? Pode perder o cliente, mas e daí? Você ainda possui recursos ilimitados para ir com tudo com o próximo cliente. Você tem tudo a ganhar e nada a perder: é preciso simplesmente repensar sua abordagem.

Isso me leva ao tema do supercomprometimento, outro assunto reprovado e pouco entendido nos negócios. Quantas vezes já disseram que você "se comprometesse menos e realizasse mais?". Nunca ouvi nada tão retrógrado e ridículo. Digamos que você esteja divulgando um show da Broadway para o público. Você deveria anunciar que tem um elenco mediano com capacidade "média" para o canto e depois esperar a noite de estreia para "realizar mais?". Claro que não. Essa frase sugere que o supercomprometimento – ou, pelo menos, o total comprometimento – de alguma forma o coloca em perigo. Se, então, você não conseguir realizar a tarefa como o prometido, deixará o outro lado insatisfeito. Por que não se supercomprometer com sua promessa e depois se superar ao realizar demais? Espalhe a notícia sobre seu elenco espetacular e convença-os a assistir o show. Então, comprometa-se mais e realize mais!

Acho que quanto mais comprometido eu estou com um cliente, maior é meu nível de realização. É como se eu prometesse para mim e para ele alcançar novos níveis em relação ao que posso fazer por ele. Quanto mais energia eu canalizo para os mercados, os clientes ou minha família, com mais vontade eu fico de realizar exatamente o que eu disse que faria. Isso, é claro, remonta ao fato de agir com 10X mais esforços do que com 1X. É fácil para as pessoas dizerem que estão dando 110% do seu esforço, mas aí não conseguem se comprometer totalmente – ou porque a pessoa está sendo cautelosa ou porque tem medo de não trabalhar no nível necessário.

Um problema comum enfrentado por quase todos os negócios é a tendência de fazer mais reuniões para apresentar o produto ou a ideia. As pessoas que pedem uma reunião não querem se supercomprometer com aqueles que perdem seu tempo valioso para vê-los. Grandes pedidos, supercomprometimento e promessas extremas vão imediatamente separar você das massas e, assim, forçá-lo a realizar em níveis 10X. A única forma de fazer mais reuniões é aumentar o número de pessoas com quem você fala – e, com isso, ampliar as razões pelas quais elas devem ter tempo para você.

O mesmo vale para todos os passos do processo de vendas, envolvendo *follow-up*, *folders*, correspondência, e-mails, mídias sociais, telefonemas, visitas, eventos, reuniões ou qualquer outra ação. Supercomprometa sua energia, recursos, criatividade e persistência. Saiba que está indo com tudo em todas as atividades, toda vez que agir e todos os dias que trabalhar.

Agora, você pode se preocupar – como muitas pessoas se preocupam – em não conseguir realizar o trabalho. E isso de fato é um problema. Porém, como discutimos antes, você precisa de novos problemas. São sinais que você está progredindo e indo na direção certa. Aprenda a se comprometer primeiro e depois descubra como trabalhar. A maioria das pessoas simplesmente não se importa com a performance e passa o tempo quebrando a cabeça com coisas que podem nunca acontecer para elas. Qualquer um que não tenha de enfrentar novos problemas, mas fica concentrado nos mesmos problemas durante a vida toda, não está progredindo. É simples assim: se não cria novos problemas para você, não está agindo o suficiente.

Você precisa enfrentar novas situações e dilemas que podem desafiá-lo a encontrar e criar soluções. Não seria bom se você tivesse muitas pessoas para encontrar às 2 da tarde, ou se tivesse uma fila enorme do lado de fora do seu restaurante, com fila de espera por uma mesa? Uma das maiores diferenças entre os que têm sucesso e os que não o têm é que o primeiro procura os problemas para resolver, enquanto o último faz de tudo para evitá-los. Então, lembre-se: seja super comprometido, vá com tudo e leve as ações à potência máxima. Você vai criar novos problemas e realizar em níveis que podem surpreender até você mesmo.

Exercício

O que significa "ir com tudo"?

____

____

____

____

Por que a maior parte das pessoas não incentiva essa prática?

____

____

____

____

Por que os vendedores fracassam?

____

____

____

Preencha as lacunas: Se você se comprometer ________________ __________________e realizar __________________________, vai crescer porque ________________________________.

Por que queremos novos problemas?

____

____

____

14

EXPANDA – NUNCA CONTRAIA

Enquanto escrevo este livro, nosso país passa por uma fase de sério estresse econômico. Os números do desemprego e a incerteza financeira alcançaram os níveis mais altos desde a grande depressão. Durante crises econômicas como esta, o mundo se convence a reduzir, economizar e ter cautela. Embora esse pensamento foque na autopreservação e proteção de bens, é o mesmo tipo de pensamento que garante que você nunca consiga o que quer. E embora a maior parte do mundo tenha entrado num estado de contração, pequenas porcentagens de pessoas e empresas ainda estão capitalizando pela expansão. Essas pessoas entendem que os momentos de aperto são oportunidades únicas para ganhar daqueles que tomam uma postura defensiva reduzindo gastos.

Como a contração é uma forma de dar um passo para trás, viola o conceito da Regra 10X, que requer que você continue agindo, produzindo e criando em quantidades potencializadas, independentemente da situação ou circunstância. Admito que pode ser muito difícil e trabalhoso expandir enquanto os outros tomam medidas protecionistas. Porém, é uma postura que deve ser adotada para aproveitar a oportunidade. Lembre-se: independentemente do que acontece no mundo, a maioria das pessoas não age de forma potencializada. Claro, embora existam momentos em que você deve se defender, voltar atrás e ser conservador, é importante fazer isso por períodos curtos de tempo para se preparar e voltar com mais força ao ataque. Você nunca contrairia como um esforço contínuo de negócios. Embora haja notícias sobre empresas que faliram porque expandiram rápido demais, provavelmente o problema não tenha sido tão simples assim. A maioria das empresas não vai à falência por estar na ofensiva, mas porque não estava preparada para expandir e dominar o setor.

A ideia da expansão constante e sem freio vai contra nossa intuição e é até impopular. Porém, separa você dos outros mais do que qualquer outra atividade. A tarefa de expandir quando outros contraem não deve ser reduzida a um conceito simplista. É um assunto muito difícil de aplicar no mundo real. Mesmo assim, quando você assume isso como sendo um método inato de resposta, a capacidade de atacar continuamente qualquer atividade vai dar espaço para seguir em frente. Qualquer discordância em relação a isso existe porque as pessoas só atacam até encontrarem resistência – e aí voltam atrás. É quase como desafiar o menino mais encrenqueiro da escola e depois fugir, isto sempre acaba mal. Se atuar dessa maneira, o mercado, seus clientes e sua concorrência não vão acreditar que você está comprometido com um ataque persistente. Assim, vão ameaçá-lo e criticá-lo – e você vai voltar atrás. Vai perceber que não deu certo, mas o único motivo para isso é que você não foi persistente o suficiente para que o mercado, seus clientes e sua concorrência finalmente se submetessem aos seus esforços. Ataques repetidos durante períodos longos sempre terão sucesso.

Você deve implementar a tática de expansão sem pensar se a economia e aqueles que o cercam encorajam você a fazer isso. Digo isso porque vivemos em uma sociedade que promove a contração na maior parte do tempo e, quando apoia a expansão, normalmente é muito tarde. A recente crise resulta disso. Notícias sobre contração devem servir como indicadores para que você faça o contrário. Você não quer seguir as massas cegamente, porque quase sempre estas estão erradas. Em vez de seguir a maioria, lidere os outros! A forma de escapar da crise é expandir, insistir e agir – independentemente do que os outros digam ou façam.

Eu vi outras empresas do meu setor cortarem pessoal e promoções durante a recente recessão – o que, para mim, foi o sinal verde para aumentar minhas próprias forças. Não demiti funcionários, nem cortei gastos promocionais. Ao contrário, aumentei ambas as coisas. Embora tenha visto nossa renda diminuir como o resto do mundo, optei por diminuir meu próprio salário como alternativa. Redirecionei esse dinheiro para promover o negócio, o que ajudou a aumentar minha marca e a tomar o mercado de outras organizações que estavam contraindo. Na verdade, gastei mais dinheiro com propaganda, marketing e promoção durante esses 18 meses do que havia gastado em 18 anos! Percebo o quanto isso foi trabalhoso. Admito também que foi assustador e que sempre repensava minhas ações. Mesmo assim, sabia que, se conseguisse seguir em frente, ganharia muito território.

Mais importante do que o dinheiro que gastei foram as exigências que fiz para minha equipe e para mim mesmo a fim de sempre expandir o uso dos nossos recursos mais valiosos: energia, criatividade, persistência e contatos com os clientes. Fazendo isso, imediatamente aumentamos nossa produção em todas as áreas: telefonemas, e-mails, *newsletters*, *posts* em mídias sociais, visitas, palestras, teleconferências, webinários, conferências pelo *Skype* e assim por diante. Naquele ano e meio, publiquei três livros, introduzi quatro novos programas de vendas, produzi mais de 700 segmentos de material de treinamento para um site de treinamento virtual, fiz 600 entrevistas de rádio, escrevi mais de 150 artigos e *posts* para *blogs* e fiz milhares de telefonemas. Enquanto o resto do mundo se retraía, eu expandi em todas as frentes possíveis.

Quase todas as pessoas do mundo se convenceram que a única salvação era economizar, e então, fizeram isso. Sempre me intrigou o fato de que quando as pessoas começam a economizar, imediatamente economizam em tudo, quase automaticamente. É como se a mente fosse incapaz de distinguir entre economizar dinheiro em papel ou números no banco e conservar energia, criatividade e esforço. O mundo inteiro se retraiu em relação aos gastos de dólares e esforço, enquanto somente algumas pessoas expandiram. Quem você acha que saiu por cima?

As pessoas me perguntaram como – e por que – decidi expandir quando as coisas estavam tão incertas. Minha resposta era: "Prefiro morrer em expansão do que em contração. Prefiro falhar tentando do que em retração". Pense nisso: em qual dos quatro níveis de ação demonstrados no capítulo 7 você prefere trabalhar? Se você deixar que a economia faça essa escolha por você, nunca terá o controle de suas próprias economias.

A solução? Saia do sofá, saia de casa e vá para o mercado! Fique cara a cara com seus clientes, procure oportunidades e mostre que você está avançando. Só volte atrás algumas vezes, se necessário, para restabelecer os recursos e se preparar para expandir com ainda mais ações. Sua energia, esforços, criatividade e personalidade valem mais do que os dólares criados pelo homem e as máquinas de impressão. E embora gastar dinheiro seja a forma mais comum para os negócios crescerem, certamente não é a única maneira e nem de perto tão valiosa quanto tomar ações 10X, consistente e persistentemente.

Lembre-se, 10X, *baby*. Você quer crescer com o objetivo de dominar o setor e chamar a atenção agindo de forma potencializada. Só assim você será capaz de expandir seus contatos, influências, conexões e visibilidade com o objetivo de criar novos problemas. Dessa forma, vai continuar a crescer até que todos – até sua suposta concorrência – saibam que você é o jogador dominante 10X, e vão sempre associar seu nome ao que você faz.

Exercício

Quais são algumas formas de crescer que só requerem energia e criatividade, e não dinheiro?

____
____
____
____
____
____

Quando você já se beneficiou com a retração?

____
____
____
____
____
____

Quando você expandiu seus esforços? Que resultados você observou?

____
____
____
____
____
____
____

15

COMECE UM INCÊNDIO

Quando você começar a agir 10X mais e a entrar no ritmo, deve continuar colocando lenha no fogo até que consiga dar início a uma queimada, uma fogueira ou incendiar tudo. Não descanse e não pare – nunca. Aprendi isso da maneira mais difícil, após alcançar muito sucesso e decidir relaxar. Esse é um erro muito comum. Não faça isso! Continue colocando lenha até que o fogo esteja muito quente e brilhante, de forma que nem a concorrência nem as mudanças do mercado possam apagá-lo. Seu fogo deve continuar aceso. E isso significa mais lenha, mais combustível e, no seu caso, mais ações. Quando trabalhar dessa forma, será quase parte de você a vontade de continuar – porque dessa forma, estará ganhando. É mais fácil e mais natural continuar agindo de forma potencializada quando se está ganhando – e ganhar só é possível dessa forma.

Quando você passa a "agitar" as coisas, rapidamente percebe – e fica obcecado – as possibilidades à sua frente e começa a enxergar novos níveis de resultados positivos. Suas ações passarão a ter continuidade, como um motor que, após começar, continua funcionando. Newton falava da lei da inércia: um objeto em movimento continua em movimento. Continue agindo até que não possa impedir seu próximo movimento.

Você talvez até perceba que está dormindo e comendo menos porque literalmente subsiste da adrenalina gerada pelas vitórias. É nessa hora que as pessoas começam a admirá-lo e a dar conselhos. Seja cauteloso, especialmente em relação àqueles que dizem que você já "fez o suficiente" ou os que dizem para você tirar férias. Este não é o momento para descanso e festa: é hora de agir mais. Andy Grove, um dos primeiros funcionários da *Intel*, lançou o ditado: "só os paranoicos sobrevivem". Claro, não estou sugerindo que você passe toda sua carreira num estado de paranoia. Mas acredito que você deve seguir comprometido com a ação. Mesmo depois de alcançar sucessos pelo caminho, continue a agir para exceder seus objetivos. Vai chegar a hora de celebrar e tirar férias. Agora, você precisa continuar colocando lenha na fogueira, até que o fogo esteja tão forte que ninguém – e nada – possa acabar com seus êxitos.

Um dos problemas do sucesso é que ele exige atenção contínua. A tendência é que o sucesso chegue para aqueles que são mais comprometidos e atenciosos. É quase como um jardim: não importa que esteja verde e com flores belas, é preciso continuar cuidando dele. Você precisa continuar cortando a grama, aparando, regando e plantando; senão, sua grama vai ficar marrom e as flores vão morrer. Assim ocorre também com o sucesso. Não há volta para aqueles que querem criá-lo e mantê-lo. É um mito acreditar que as pessoas de sucesso "relaxam" e param de se esforçar tanto quanto o fizeram para chegar onde estão.

Lembre-se sempre das quatro ações – fazer nada, voltar atrás, agir de forma mediana ou potencializada. A Regra 10X significa que você vai gerar tanto sucesso que estará constantemente no controle. Os que quase chegam lá são aqueles que param de colocar lenha e dão um passo para trás. A ação potencializada faz com que você passe seus colegas e saia da "esteira". A melhor forma de não se preocupar com a concorrência e a incerteza é construir uma fogueira tão grande e quente que todos no mundo – até sua concorrência – venham se sentar perto da sua fogueira para se aquecer. Lembre-se que boa parte da concorrência é feita daqueles que não querem trabalhar em altos níveis de ação e meramente imitam os esforços alheios. Nunca há lenha suficiente na sua fogueira. Não é possível agir demais ou acumular muito sucesso. Coisas como: "estão falando muito de mim, escrevendo muito, estou tendo muita autoridade ou trabalhando muito" não existem. Essas são frases ditas por pessoas medíocres que querem justificar suas decisões para serem felizes com o *status quo*.

Como é possível agir demais quando você tem uma capacidade infinita de criar novas ações? Observe os grandes jogadores deste planeta. Nenhum deles fica "sem" energia, esforços, pessoas, ideias ou recursos. Eles aproveitam a graça da abundância porque criam abundância nos seus empreendimentos. Então, em vez de invejá-los, admire-os. Se fizer isso, vai descobrir que quanto mais se compromete com novas ações, mais criativo se torna. É como se sua imaginação se expandisse e desse espaço para novas possibilidades. Não necessariamente a criatividade precisa ser tão brilhante, mas a capacidade de agir de forma potencializada, sim.

Recentemente tive uma reunião em uma empresa famosa de relações públicas de Los Angeles e as pessoas de lá sugeriram que eu estava beirando a "superexposição" – o que, para mim, era um conceito muito estranho. A noção de superexposição – a ideia de que você pode ouvir ou ver muito de uma pessoa – baseia-se no conceito de que a pessoa não continua a gerar novas ideias e produtos. A crença por trás disso é que a pessoa ou produto superexposto, de alguma forma, perde o valor. Mas analise o seguinte: praticamente todas as pessoas do mundo conhecem a Coca-Cola. Você encontra os produtos da empresa em quase toda loja, bar, avião e hotel do mundo. É superexposto? Ou deveria esconder seus produtos? A empresa deveria ter medo de que a Coca-Cola possa perder valor porque muitas pessoas ouvem falar dela e a consomem? Para mim, essa forma de pensar é ridícula. E há muitos outros exemplos de produtos e empresas que provam isso – *Microsoft, Starbucks, McDonald's, Wells Fargo, Google, Fox TV, Marlboro, Walgreens, Exxon, Apple, Toyota* e até algumas personalidades, celebridades e atletas. Embora a superexposição não seja sempre um problema, a obscuridade pode se tornar um. Lembre-se: se você não me conhece (nem nunca ouviu falar), então não interessa se meu produto é bom ou barato. E mesmo que esse fosse o caso, eu prefiro estar superexposto do que escondido.

A realidade é triste, mas a maioria das pessoas não passa nem perto de fazer uma fogueira. Ou não estudaram ou foram socialmente programadas para se acomodar com menos. Ou têm medo de que suas ações de alguma forma "fujam do controle". Prometo que isso não vai acontecer. Você deve deixar sua fogueira tão grande que não só pode incendiar tudo, mas também incinerar o que você encontrar pelo caminho. Vá com tudo e continue em frente até que seu fogo esteja tão quente que as pessoas parem para admirar sua capacidade de agir. Não se preocupe com a resistência que está com medo de encontrar, tanto do mercado quanto da concorrência. Eles sairão do seu caminho assim que perceberem a força que você tem.

Exercício

Qual é a fogueira que você sempre quis começar e adicionar lenha?

____

____

____

____

____

____

Cite três coisas que você poderia fazer para adicionar lenha a essa fogueira.

____

____

____

____

____

____

____

Você pode ter o apoio de quem para continuar armazenando lenha?

____

____

____

____

____

____

16

O MEDO É UM BOM INDICADOR

Cedo ou tarde, você vai sentir medo quando elevar suas ações a novos níveis. Na verdade, se não sentir, provavelmente não está agindo tão certo assim. O medo não é ruim, nem algo a ser evitado; ao contrário, você deve correr atrás dele e senti-lo. O medo é, na verdade, um sinal de que você está fazendo o necessário para ir na direção certa.

A ausência de preocupação significa que você não sai da sua zona de conforto – e isso só vai trazer mais do que você já tem atualmente. Pode parecer estranho, mas você quer ter medo até que tenha de se esforçar para chegar a novos níveis e sentir medo novamente. Na verdade, o que me assusta é a falta do medo.

O que é o medo, de fato? Ele existe? É real? Sei que parece real quando estamos sentindo, mas admita: na maior parte do tempo, o que você teme nem mesmo acontece. A palavra MEDO significa Eventos Falsos que Parecem Reais (*Fear*, em inglês – *False Events Appearing Real*), o que imediatamente implica que a maior parte das coisas que o assustam nem mesmo acontecem. Na maioria das vezes, o medo é provocado pelas emoções, e não pela racionalidade. E do meu humilde ponto de vista, as emoções são muito valorizadas – e o bode expiatório que muitos usam para justificar sua falta de ação. Mas independentemente de concordar com o que eu penso sobre as emoções, você deve repensar o seu conceito de medo e usá-lo como motivo para ir em frente, em vez de ser uma desculpa para parar ou voltar atrás. Use esse sentimento que sempre é evitado como o farol verde, sinalizando o que você deve fazer!

Provavelmente, na infância, você sentia medo das coisas irracionais – do monstro embaixo da cama, por exemplo. Era a hora de verificar o armário e os cantos escuros do quarto para ver se tinha algo espiando. Mas como todas as crianças acabam descobrindo, não existe monstro em nenhum lugar, a não ser na sua cabeça. Os adultos têm seu próprio "monstro embaixo da cama" – o desconhecido, a rejeição, o fracasso, o sucesso, e assim por diante. E esses monstros devem ser um indicativo para a ação também. Por exemplo, se você tem medo de ligar para um cliente, é sinal que deve ligar. Medo de falar com o chefe indica que você deve ir até a sala dele e pedir um minuto da sua atenção. Medo de fazer uma proposta ao cliente significa que deve fazer isso – e continuar fazendo.

A Regra 10X faz com que você se destaque dos outros no mercado. E você consegue isso – como enfatizei antes – ao fazer o que os outros se recusam a fazer. Só assim você se destaca e domina o setor. Todos sentem medo de alguma maneira, e como o mercado é composto de pessoas interagindo com produtos e também com outras pessoas, o mercado também vai enfrentar o medo da mesma forma que você e seus colegas. Mas em vez de enxergar o medo como um sinal de fuga – como a maior parte das pessoas faz –, ele deve ser um sinal para ir em frente.

Eu lido com esse dilema omitindo o tempo da equação – já que a duração é o que alimenta o medo. Quanto mais tempo você dedica ao objeto de sua apreensão, mais forte ele fica. Então, deixe o medo passar sem o seu item preferido, o tempo. Por exemplo, digamos que o John precise ligar para um cliente, tarefa que o deixa imediatamente ansioso. Então, em vez de pegar o telefone e ligar imediatamente, ele pega uma xícara de café e pensa no que vai fazer. Esse tempo só faz com que o medo aumente, enquanto imagina tudo o que pode dar errado e todas as coisas terríveis que podem acontecer. Se for confrontado, vai dizer que precisa se "preparar" antes de fazer a ligação. Mas isso é apenas uma desculpa para aqueles que não estão devidamente treinados – e que usam isso como motivo para justificar essa relutância. John precisa respirar fundo, pegar o telefone e simplesmente ligar. A preparação de última hora é apenas outra maneira de alimentar o medo, que só cresce com a demora. Nada acontece sem ação.

O medo não só lhe diz o que fazer; também diz quando fazê-lo. Pergunte-se que horas são em qualquer momento do dia, e a resposta é sempre a mesma: agora. A hora é sempre agora – e, quando você sente medo, significa que o melhor momento para agir é este mesmo. A maioria das pessoas não vai em frente com seus objetivos quando passa algum tempo entre a ideia inicial e o ato de realmente fazer algo a respeito. Porém, se você tirar o tempo do processo, está pronto para agir. Simplesmente não há escolha senão agir. Não há necessidade de se preparar. Depois de ter ido tão longe, já é tarde.

Agora, o que pode fazer a diferença é a ação. Todos já falharam alguma vez na vida. Talvez quando estivesse se sentindo "pronto" para fazer alguma coisa, outra pessoa já tivesse tomado a atitude – e aí você se arrepende. O fracasso se apresenta de diversas formas; acontece se agir ou não. Independentemente do resultado, eu diria que é muito melhor falhar ao fazer alguma coisa do que falhar porque estava se preparando quando outra pessoa foi mais ágil e roubou seus sonhos.

Este cenário acontece no mundo dos negócios todos os dias. As pessoas gastam muito mais tempo com seus medos do que eles merecem. Esperam para fazer aquela visita ou ligação, escrever o e-mail ou apresentar sua proposta porque têm medo do resultado. Inúmeras pessoas dão as mesmas desculpas para justificar por que "não é um bom momento" para agir. O cliente está saindo da cidade. O cliente acaba de voltar de viagem. É o fim ou o começo do mês. Os clientes estão em reunião o dia todo. Estão prestes a entrar numa reunião. Acabaram de comprar alguma coisa. Eles não têm orçamento. Estão fazendo cortes. Os negócios vão mal. A gerência mudou. Não quero "atrapalhar". Eles nunca retornam minhas ligações mesmo. Ninguém mais consegue vender para eles. Eles não são realistas. Não sei o que dizer. Não estou pronto ainda. Liguei para eles ontem... e por aí vai.

Nem todas as desculpas do mundo vão mudar um simples fato: o medo é um sinal de que você deve enfrentar o que o assusta – e rápido. Minha esposa sempre me diz que eu pareço "não ter medo de nada". A verdade é exatamente o contrário; eu tenho medo muitas vezes. Porém, recuso-me a alimentá-lo com tempo e permitir que ele se torne mais forte. Em vez disso, escolho fazer as coisas rapidamente. Aprendi que é melhor fazer isso. Você vai viver essa experiência quando finalmente der as caras e fizer o que teme. Na verdade, é surpreendente o quanto você fica mais forte e confiante para fazer novas coisas.

Agir de forma potencializada rápida e repetidamente garante que sua imagem no mercado seja de alguém destemido. A pessoa que age em relação a qualquer coisa que a assuste será aquela que vai avançar mais na sua causa. Deixe o resto do mercado se submeter à ansiedade e se preparar sem necessidade para o medo. Você tem um trabalho a fazer.

O medo é uma das emoções mais devastadoras que o ser humano pode experimentar. Ele imobiliza as pessoas e, frequentemente, evita que atinjam seus objetivos e sonhos. Todos têm medo de alguma coisa; porém, é o que fazemos com esse medo que nos distingue dos outros. Quando você permite que o medo o deixe para trás, perde energia, *timing* e confiança – e seus medos só crescem.

Você já viu um daqueles shows em que o artista "come fogo"? Aparentemente, o truque é acabar com o oxigênio que o fogo precisa para existir. Tire rápido demais e o oxigênio atiça o fogo – que, obviamente, queima. Isso é verdade também para o medo. Afastar-se, nem que seja um pouco, dá ao medo o oxigênio necessário para viver. Então, comprometa-se inteiramente, tire o tempo da equação – e você vai superar seus medos e poder agir mais.

Coma os seus medos; não os alimente voltando atrás ou dando tempo para que cresçam. Aprenda a procurar e usar o medo para que saiba exatamente o que precisa para superá-lo e avançar na vida. Todas as pessoas de sucesso que eu conheço usaram o medo como indicador para determinar quais ações trariam o melhor retorno. Eu uso isso na minha vida sempre que posso, para ter consciência de que estou crescendo. Se você não tem medo, não está tomando novas atitudes, nem crescendo. É simples assim. Não é preciso dinheiro nem sorte para ter uma ótima vida; é preciso capacidade de superar os seus medos com rapidez e força. O medo, assim como o fogo, não é algo do qual se deva fugir. Pelo contrário, deve ser usado como combustível para as ações na sua vida.

Exercício

Quais são seus três maiores medos?

____

____

____

____

____

____

Quem você teve medo de contatar que poderia ajudá-lo ou melhorar seus negócios?

____

____

____

____

____

____

O que você aprendeu sobre o medo neste capítulo?

____

____

____

____

____

____

____

17

O MITO DO GERENCIAMENTO DO TEMPO

Devo começar este capítulo admitindo que não me considero um grande administrador. Também nunca fui bom em planejamento. Na verdade, nunca escrevi um plano de negócios. Porém, sempre fui capaz de me autogerenciar efetivamente, o suficiente para construir muitas empresas do zero. Nunca achei que administrar o tempo fosse algo valioso, embora eu passe mais tempo pensando nas coisas que considero mais importantes.

Eu sempre recebo perguntas sobre como administrar o tempo nos meus seminários. Durante minha carreira, descobri que as pessoas mais preocupadas com o gerenciamento de tempo e equilíbrio em suas vidas são aquelas que acreditam na noção de "falta", que discutimos anteriormente. A maioria nem sabe quanto tempo tem ou quais são as tarefas mais importantes para realizar naquele período. Se você não sabe quanto tempo tem – ou precisa –, então, como pode esperar gerenciar e equilibrar o tempo?

A primeira coisa que deve fazer é tornar o sucesso seu dever, estabelecendo prioridades definitivas e distintas. Não posso fazer isso por você, claro; as prioridades de cada um são diferentes. Porém, se o sucesso é a sua principal meta, então sugiro que você passe a maior parte do seu tempo fazendo coisas que gerem sucesso. Claro, eu não sei o que é o sucesso para você. Pode envolver uma grande variedade de pessoas e coisas: finanças, família, felicidade, espiritualidade, bem-estar físico e emocional – ou, se você for como eu, todos eles! E lembre-se – pode ser tudo isso. Pessoalmente, não ligo para o equilíbrio; interesso-me pela abundância em todas as áreas. Não acho que eu tenha que sacrificar um em favor do outro. Pessoas de sucesso pensam em termos do "todo", enquanto as que não o alcançam tendem a se autolimitar. Elas podem acreditar que, "se eu for rico, não posso ser feliz" ou "se eu tiver muito sucesso na carreira, então não terei tempo para ser um bom pai, marido ou espiritualizado". Na verdade, é interessante perceber que as pessoas que se colocam limites são também mais inclinadas a falar em "equilíbrio". Porém, esta é a maneira errada de pensar, e nem o gerenciamento do tempo nem o equilíbrio podem resolver isso.

Em minha opinião, não faz sentido que as pessoas se preocupem com o gerenciamento do tempo e o equilíbrio. Elas deveriam se perguntar: "como posso ter tudo em abundância?". Pessoas de sucesso alcançaram o que queriam em grandes quantidades, e ninguém pode tirar isso delas. E como uma pessoa pode se considerar bem-sucedida se não é feliz? Qual é o lado bom de não conseguir pagar as contas, sustentar sua família ou se preocupar com o futuro? Quando você atinge um objetivo, é hora de estabelecer uma nova meta. Pare de pensar em "se isso acontecer" e comece a entrar de cabeça nas ações.

Enquanto escrevia este livro, um cliente me mandou uma mensagem perguntando "você descansa de vez em quando?". Eu respondi, na brincadeira, "NUNCA!". Claro que descanso – como qualquer ser humano. Porém, também sei quanto tempo eu tenho, quais são minhas prioridades; e sei que é meu dever e responsabilidade correr atrás deles no tempo que eu tenho. Desafio você a analisar como gasta o seu tempo, fazendo, talvez, um diário. A maioria das pessoas não tem ideia do que faz com o tempo, e ainda reclama que ele é pouco.

Todas as pessoas têm 168 horas em uma semana, e, com base em uma semana de 40 horas de trabalho, o empregado norte-americano só é produtivo durante 37,5 delas (30 minutos de almoço por dia). E é muito improvável que as pessoas de fato trabalhem durante todo o período das 37,5 horas. Na verdade, o indivíduo gasta em média 22,3% do seu tempo trabalhando, 33,3% dormindo, e 16,6% assistindo TV ou navegando na internet – e segundo essas comparações, a pessoa passa 100% do seu tempo no trabalho, de fato, trabalhando! Então, essas pessoas se preocupam com o equilíbrio e o gerenciamento do tempo. Mas a falta de equilíbrio sempre acontece quando você não utiliza bem o seu tempo.

Enquanto a maioria das pessoas diz que valoriza o tempo, muitas não sabem muito sobre ele. Quem faz o tempo? Você faz o seu tempo ou outra pessoa faz isso? O que você pode fazer para ter mais tempo? O que significa a expressão "tempo é dinheiro"? Como você usa o tempo para se certificar de que ele é dinheiro? Qual é a coisa mais importante que deve fazer com seu tempo? Todas essas perguntas merecem ser analisadas e requerem sua atenção para que você maximize o tempo.

Digamos que você tenha 75 anos de vida; isso dá aproximadamente 657.000 horas, ou 39.420.000 minutos. Escolha qualquer dia da semana; você tem uma média de 3.900 segundas-feiras, terças, quartas etc. Agora – e essa é a parte assustadora –, se você tem 37 anos, então você só tem 1.950 quartas-feiras pela frente. E se você só tivesse US$ 1.950 no seu nome? Você deixaria que esse valor sumisse ou faria o possível para aumentá-lo? Acredito que posso aproveitar melhor as 1.950 horas do que a maioria das pessoas. A única maneira de aumentar seu tempo é fazer mais coisas dentro do período. Se eu fizer 15 ligações em 15 minutos e você fizer 15 ligações em uma hora, então, de fato, dei-me 45 minutos.

Dessa forma, a Regra 10X torna possível multiplicar o tempo. Se eu contratar alguém e pagar US$ 15 por hora para fazer 15 ligações a cada 15 minutos, então acabo de duplicar meus esforços – e meu tempo torna-se dinheiro.

Para de fato entender, gerenciar, maximizar e aproveitar todas as oportunidades com o tempo que você tem, deve entender quanto tempo tem disponível para você. Primeiro, é importante controlar o seu tempo – e não deixar que os outros o façam. Ao prestar atenção nos outros discutindo a questão do tempo – especialmente em relação ao tempo que têm no trabalho –, provavelmente vai ouvir muitas reclamações. As pessoas agem como se o trabalho fosse algo difícil, mas, na verdade, passam pouco tempo trabalhando de fato. A maioria das pessoas só trabalha o suficiente para que pareça que estão trabalhando, enquanto as pessoas de sucesso trabalham num ritmo que traz tantos resultados satisfatórios que o trabalho se torna uma recompensa. As pessoas com verdadeiro sucesso não chamam de "trabalho"; para eles, é uma paixão. Por quê? Porque eles fazem o necessário para vencer!

Uma maneira fácil de alcançar o equilíbrio é simplesmente trabalhar mais enquanto você está no seu local de trabalho. Isso não proporciona mais tempo; permite que você tenha recompensas, dando a impressão de menos trabalho e mais sucesso. Tente fazer isto: seja grato por ter um trabalho e veja o quanto pode ser feito no tempo que você tem. Faça disso uma corrida, um desafio – torne a situação divertida.

A primeira coisa a fazer ao gerenciar o tempo e procurar o equilíbrio é decidir o que é importante para você. Em que áreas você quer ter sucesso, e em qual proporção? Escreva isso por ordem de importância. Então, determine o tempo que tem e decida onde vai encontrar espaço para cada uma dessas empreitadas. Outra coisa importante: faça um relatório sobre como gasta seu tempo diariamente – cada segundo.

Com isso, perceberá as formas como gasta seu tempo – os pequenos hábitos e atividades que não contribuem com o seu sucesso. Qualquer ação que não bote lenha na sua fogueira deve ser considerada um desperdício – como videogame, pôquer on-line, televisão, sonecas, bebidas, cigarros – a lista é infinita. Cruel, não é? Sim – mas se você não gerenciar seu tempo, é certo que vai desperdiçá-lo.

É claro que as coisas vão mudar com o tempo, na sua vida e carreira. Você fica mais velho. Alcança e cria novos objetivos. Pessoas e coisas diferentes passam a fazer parte da sua vida. Todas essas mudanças requerem que você sempre mude suas prioridades. Por exemplo, durante anos ouvi meus pais dizerem que eu não sabia como equilibrar o trabalho e a família porque não tinha filhos. Bem, acabo de ter minha primeira filha – certamente, um evento que demanda muito do meu tempo – e pude finalmente viver a experiência. Não encontrei um problema de equilíbrio ou trabalho, mas sim uma solução com base em prioridades.

Minha filha me deu mais motivos para obter sucesso – e não uma desculpa para evitar trabalhar mais. Ela me motiva a estar bem porque agora não faço só por mim, mas também por ela. Você não pode culpar sua família por não ter o sucesso que merece. Eles deveriam ser a razão para você querer ter mais sucesso!

Pode parecer difícil, mas sempre se dá um jeito. Monte uma rotina com sua família que permita que você defina prioridades. Por exemplo, minha solução foi adicionar uma hora a cada dia para passar mais tempo com minha filha. Minha esposa e eu criamos uma rotina que me permita ter tempo com elas – de forma que não impactasse minha rotina de trabalho, que nos dá o êxito econômico, negativamente. A primeira coisa que eu e minha esposa fizemos foi que a rotina de sono da nossa filha girasse em torno das nossas prioridades. Concordamos que eu acordaria uma hora mais cedo todos os dias para levá-la para passear.

Isso garantiria que eu passasse mais tempo com ela antes de ir trabalhar e ficar concentrado nos eventos do dia. Também daria a chance para minha esposa dormir um pouco mais. Tenho feito isso desde que ela tem 6 meses, e tem sido ótimo. Levo-a comigo para as atividades básicas, como fazer compras pela manhã, e aproveito para apresentá-la às pessoas que estão trabalhando. Quando volto, o resto do dia fica completamente dedicado ao trabalho. Como eu acordo minha filha muito cedo, conseguimos colocá-la na cama antes das 19h. Aí, posso passar algum tempo com minha esposa como um casal.

Sabemos que esse processo vai mudar conforme minha filha for crescendo, e que mudanças terão de acontecer. Porém, o que estamos fazendo é controlar nosso tempo, em vez de tentarmos gerenciá-lo ao acaso. Nossa decisão de estabelecer prioridades e nos comprometermos com uma solução nos tornam donos do nosso próprio tempo. Quanto mais ocupado você for, mais importante é gerenciar, controlar e priorizar. Embora eu não tenha uma fórmula que vai tornar esse processo mais fácil com um toque de mágica, posso dizer que: se você começar com o comprometimento com o sucesso e concordar em controlar o tempo, vai criar uma agenda que comporta tudo o que você quiser.

É preciso decidir como vai usar o seu tempo. Você deve comandar, controlar e usar todos os segundos para aumentar sua marca e dominar o mercado. Reúna quem for preciso – sua família, colegas, associados, funcionários – para reconhecerem e chegarem a um acordo quanto às prioridades mais importantes. Se não fizer isso, pessoas com motivações diferentes vão levá-lo a todas as direções. Minha rotina funciona porque todos ao meu redor – desde a minha esposa até as pessoas que trabalham comigo – sabem o que eu considero mais importante e entendem o quanto eu valorizo o tempo. Isso faz com que consigamos lidar com tudo que vem pela frente.

Na nossa cultura, somos sempre encorajados a "ir com calma, relaxar, encontrar o equilíbrio" e só "sermos felizes" com o que temos e a posição em que estamos. Embora isso soe excelente na teoria, pode ser muito difícil para as pessoas que abandonam as decisões para controlar suas vidas. A maioria das pessoas não consegue simplesmente "relaxar e ir com calma" – já que nunca fazem o suficiente para se libertarem de sua mera existência, resultado de suas ações medíocres. O trabalho deveria ter um propósito, uma missão e um senso de conquista. Essas coisas são importantes para o bem-estar psicológico, emocional e físico das pessoas. Aqueles que promovem o esotérico e aconselham o "ir com calma" estão encorajando um pensamento que não faz bem a ninguém. Pense nos tipos de características que essa linha de pensamento gera nas pessoas: preguiça, procrastinação, falta de pressa, moleza, tendência de culpar os outros, irresponsabilidade e a expectativa de que outra pessoa sempre vai resolver seus problemas.

Não é bem assim! Ninguém vai salvá-lo. Ninguém vai cuidar da sua família ou da sua aposentadoria. Ninguém vai fazer com que as coisas "deem certo" para você. Para isso, o único remédio é usar todos os momentos de todos os dias em níveis 10X. Com isso, você pode conquistar seus sonhos e objetivos. Felicidade, segurança, confiança e realização são resultado dos seus dons e energia para alcançar o que quer que tenha definido como sucesso para você. E isso exige todo o seu tempo, que deve ser controlado por você – e só você.

Exercício

Quando tempo você passa no trabalho diariamente?

____
____
____

Quanto tempo você gasta com atividades inúteis diariamente (por exemplo, assistir televisão, fumar, beber, dormir demais, tomar café, almoçando ou fazendo reuniões que não trazem oportunidades de negócios?)

____
____
____
____

De que forma você desperdiça seu tempo?

____
____
____
____

O que este capítulo lhe ensinou em relação ao tempo?

____
____
____
____

18

A CRÍTICA É SINAL DE SUCESSO

Embora receber críticas não seja a melhor coisa do mundo, tenho novidades: isso significa que você está no caminho certo. A crítica não é algo que se queira evitar; pelo contrário, é o que você deve esperar quando começa a ter sucesso.

A crítica se define como o julgamento que um indivíduo faz do outro, de méritos e erros ocorridos no trabalho ou ações. Embora a "crítica" não necessariamente signifique "colocar a culpa", a palavra tem uma conotação negativa, de desaprovação. O dicionário não coloca as seguintes informações: quando você age corretamente e, assim, atrai o sucesso, a crítica está sempre por perto.

Claro, a maioria das pessoas não gosta de ser criticada. Porém, descobri que isso vem naturalmente, assim que você passa a receber atenção. Pode ser por isso que alguns evitam ser o centro das atenções – com a finalidade de evitar o julgamento. Porém, não há maneira de conseguir alcançar muito sucesso sem atrair atenção. Sim, as pessoas vão olhar para você e deixar claro que não aprovam o que está fazendo. Encaremos os fatos: não importa que escolhas você faça na vida, alguém sempre vai criticá-lo. Não seria melhor ouvir as críticas de quem tem inveja do seu sucesso em vez de ouvi-las de seus parentes ou chefe por não estar agindo o suficiente?

Ao agir corretamente, não demora muito para que aqueles que não fazem o mesmo passem a julgá-lo. Se você alcança um sucesso significativo, as pessoas começam a prestar atenção em você. Alguns o admiram, outros querem aprender com você, mas, infelizmente, a maioria terá inveja. As desculpas dessas pessoas para não fazer o suficiente vão se transformar em motivos para justificar que o que você está fazendo é errado.

Você deve esperar essa situação como um dos sinais do sucesso. Vai acontecer quando, de fato, passar a agir em níveis 10X – normalmente antes mesmo de suas conquistas se tornarem evidentes. Cuidado: essa crítica pode vir de muitas formas. Pode primeiramente parecer um conselho: "Por que você gasta tanta energia com um cliente? Ele nunca compra nada" ou "Você deveria aproveitar mais a vida! A vida não é só trabalho". As pessoas dizem esse tipo de coisa para se sentirem melhor – porque a sua abundância faz sombra na deficiência deles. Lembre-se: o sucesso não é um concurso de popularidade. É seu dever, obrigação e responsabilidade.

Um colega meu tem um negócio de cercas na Louisiana e me disse uma vez: "Grant, não quero atenção. Assim que obtive isso, a concorrência passou a me perseguir. Quero ficar fora do radar para que ninguém saiba o que estou fazendo". Embora essa seja uma forma de lidar com o sucesso, não é possível "voar fora do radar" por muito tempo e ainda esperar chegar ao topo. Ficar na sua para evitar atenção (e, consequentemente, a crítica) provavelmente significa que você está colocando um freio nas suas ações de alguma forma. Seu medo de ser atacado faz com que você não vá com tudo. Porém, quando os invejosos percebem que não vai desaparecer – e que o seu sucesso é algo a ser imitado, e não julgado –, vão desistir e dar palpites em outro lugar.

Pessoas fracas reagem ao sucesso alheio por meio do ataque. Assim que você decide dominar o território, corre o risco de se tornar um alvo para elas. Vê-se isso na política o tempo todo; quando nenhum dos lados tem a solução, simplesmente criticam o outro – e isso não leva a nada. A crítica feita por alguém ou por um grupo indica que estes estão ameaçados pela entidade que a pessoa está desprezando. As pessoas que costumam criticar os outros dessa forma normalmente não conseguem solucionar sua situação – a não ser para denegrir os outros jogadores.

A única forma de lidar com a crítica é prever que ela é um elemento da sua fórmula de sucesso. Assim como o medo, é um sinal de que você está indo no caminho certo, atraindo atenção suficiente e fazendo bastante barulho. Um dos meus clientes recentemente reclamou que minha equipe o estava acompanhando muito de perto, de forma agressiva. Liguei para saber o que estava acontecendo. Depois de ouvi-lo reclamar dos meus funcionários por fazerem o trabalho deles, eu disse: "Pare com isso. Eles só estão fazendo o que sabem que é certo porque sabem que nós podemos ajudá-lo. O fato de você não ter decidido ir em frente e puxar o gatilho é o que deve ser criticado – mas não vou fazer isso porque não será bom para nenhum de nós. Agora, vamos parar com a negatividade e fazer algo positivo para alavancar sua empresa". Assim, parabenizei minha equipe por ter acompanhado o cliente tão agressivamente. Receber reclamações sobre "muito acompanhamento" indica que minha equipe está na direção certa. Recusei-me a aceitar o pedido desse cliente para pararmos e apoiei a equipe com seus esforços. Todos nós entendemos que a crítica é parte do ciclo do sucesso, e não vou pedir desculpas por nenhum funcionário que esteja buscando o sucesso. E caso você esteja se perguntando, nós fechamos o negócio. Este mesmo cliente agora diz aos outros o quanto admira "aqueles caras que ficam atrás da gente como uns maníacos".

Quando terminei a faculdade, fui trabalhar como vendedor, em vez de atuar na minha área de formação. Depois de alguns anos, meus resultados de vendas me levaram ao topo do 1% dos vendedores que mais obtiveram sucesso naquele ramo – e bem acima das pessoas com quem eu trabalhava diretamente. E se você pensa que eles não me criticaram – bem, pense melhor. Claro que criticaram! Fizeram piadas, tiraram sarro, tentaram me distrair, e até tentaram me convencer a parar com as ações que tinham me levado para onde estava. É isso que os fracos fazem; acham que os outros estão errados por fazerem o que é necessário e, assim, sentem-se melhor por não fazerem nada! Os que têm melhor performance – os vencedores – reagem estudando as pessoas de sucesso e duplicando-o. Eles se esforçam para atingir os mesmos níveis. Como os mais fracos não querem tomar a responsabilidade de aumentar sua produção, podem simplesmente tentar destruir aqueles que se saem melhor.

Quando meu livro *If you're not first, you're last* chegou à lista de *best-sellers* do *New York Times,* alguns da concorrência imediatamente me criticaram. Um deles achou o título do livro "arrogante". Outro perguntou: "Quem o Cardone pensa que é?". Alguém ainda sugeriu que eu estava "me achando muito". Uma pessoa até me ligou sugerindo que eu contratasse outro editor, porque a gramática estava errada. Eu prestei atenção a algum desses comentários? Nem por um minuto. Eu estava na lista do *New York Times*!

Do meu ponto de vista, a crítica precede a admiração e – querendo ou não – caminha ao lado do sucesso. Continue atraindo o sucesso e, cedo ou tarde, as mesmas pessoas que tentavam acabar com você vão admirá-lo por suas ações. Aqueles que, em princípio, julgaram suas ações, vão admirá-lo depois – basta você enxergar as críticas como um sinal do seu sucesso e deixar o pé no acelerador das ações 10X. Afinal, o que é melhor para retaliar contra as críticas do que continuar se dando bem?

Exercício

O que você aprendeu sobre as críticas?

Quais críticas você gostaria de ouvir?

Dê três exemplos de pessoas que primeiro criticaram alguém e, depois, passaram a admirá-lo?

19

SATISFAÇÃO DO CLIENTE É A META ERRADA

O assunto das críticas nos encaminha à discussão sobre o desgastado conceito da satisfação do cliente. Uma das primeiras reclamações que escuto das pessoas a quem apresento a ideia do 10X é a preocupação com a satisfação do cliente. Eles se preocupam que sua empresa pode forçar muito ou se tornar agressiva e, dessa forma, ferir a imagem da marca no mercado. Embora isso possa acontecer, é bem provável – devido à abundância de produtos e organizações existentes hoje – que ninguém saiba da sua existência, da sua empresa, nem percebam sua marca. A diretoria de um canal nacional a cabo no qual eu trabalhava ficou preocupada porque um novo programa, que agradava muito os administradores, não se encaixou à marca da rede. Disse a eles: "se vocês não começarem a levar uma TV atual e relevante às casas das pessoas, não vão ter uma marca para defender". Quando não é possível encontrar apoiadores, fidelizar consumidores, assegurar investidores e fechar negócio porque não consegue fazer o necessário para que o trabalho tenha qualidade, e então se utiliza da desculpa de proteger a marca e a satisfação do cliente, você começa a cavar a própria cova.

Fornecer serviços ao consumidor é o alvo errado; o certo é aumentar o número de clientes. Isso não quer dizer que a satisfação do cliente não seja importante. Todos sabem que os clientes têm de estar satisfeitos e felizes para que voltem e façam um boca-a-boca positivo. Se seu serviço, produto ou investimento não for satisfatório, então você é um criminoso, e este livro vai levar você para a cadeia em instantes. Faça com que seu foco seja atrair clientes antes de se preocupar em deixá-los felizes.

Deixe-me explicar de forma simples. A satisfação do cliente não me interessa muito. Por quê? Porque sei que fazemos mais pelos nossos clientes e oferecemos serviços que vão muito além do "satisfatório". Fazemos mais por todos os clientes, e nunca dizemos não, a menos que não exista alternativa. Nós não falamos sobre satisfação do cliente no escritório. Falamos muito sobre como atrair mais clientes, pois esta é a única forma de aumentar a satisfação deles. Sabe como é. É impossível aumentar a satisfação dos clientes sem aumentar o número de clientes. Não importa se alguém se cadastra para receber a *newsletter* ou compra um livro de US$ 30, um programa de US$ 500 ou um contrato de longo prazo por US$ 1 milhão, sempre fazemos mais do que o cliente espera. Só me preocupo em conseguir mais clientes, e aí os surpreendo.

Preocupo-me mais com a satisfação de quem não é cliente, ou seja, as pessoas que estão insatisfeitas por não terem o meu produto e podem nem saber que estão infelizes por isso. Sei que os únicos clientes insatisfeitos que podemos ter são aqueles que não têm meus produtos, ou aqueles que os têm, mas não os utilizam corretamente. Acreditamos que fazer com que nossos clientes usem mais nossos materiais, sistemas e processos seja a única forma de aumentar sua satisfação. O fato de um cliente não ter nossos produtos ou não usá-los corretamente é mais significativo do que o conceito de satisfação. Um cliente que compra um produto e o recebe com um dia de atraso deve ser gerenciado, mas o cliente que nunca compra o seu produto sugere que você tem um sério problema de satisfação do cliente, porque você nunca o tornou seu cliente. O primeiro problema pode ser facilmente resolvido. O segundo acaba com você.

Eu procuro clientes que tenham qualidade para fazer negócios conosco. Depois atendo aquele indivíduo ou empresa para que concorde em me contratar, sabendo que, até que obtenha meu produto ou serviço, não pode estar satisfeito. Não é um chute. É o que acredito como verdade. A fidelização do cliente é superior à satisfação do mesmo, e a satisfação não existe sem o cliente! A fidelização é o mais importante para mim. O mesmo serve para relacionamentos: primeiro, encontrei uma esposa, depois a mantive feliz, depois constituí uma família e, depois disso, procuro novas maneiras para que todos sejam felizes. O que foi mais importante? Encontrar a esposa vem antes de deixá-la satisfeita.

É impossível que uma empresa tenha sucesso quando foca somente na satisfação do cliente. Acredito que essa tendência esteja em detrimento da aquisição do cliente. As empresas ficam tão preocupadas com a "satisfação" dos atuais que não conseguem adquirir e expandir sua fatia do mercado.

O serviço ao consumidor é um termo de negócio feito para medir como os produtos e serviços das empresas vão de encontro – ou superam – as expectativas dos clientes após a compra. Essa avaliação deve ser um diferencial entre as marcas que os consumidores seguem fielmente e aquelas que são completamente abandonadas. Mesmo assim, a maioria dos lugares que visito não me atende tão bem para me ganhar como cliente antes da venda. Os executivos falam sobre a importância de atender o cliente do alto de suas torres de marfim e se esquecem de promover a fidelização dele. A maioria dos produtos não chama tanto a minha atenção a ponto de eu querer comprá-los sem a intervenção da empresa.

Infelizmente, a maioria dos vendedores nem pede que o consumidor faça uma compra quando tem a oportunidade, e não consegue continuar. Assim, nunca conquista um cliente.

Já fizemos campanhas de compras misteriosas para empresas e validamos essa tática mais de uma vez. O maior problema das empresas é que elas nunca conquistam um cliente! Se você oferece algo enganoso – um produto que não faz o que diz fazer e deixa as pessoas se sentindo enganadas após a compra –, o mercado se desfaz de você, cedo ou tarde. Mas a maioria não se dá mal porque o que oferece é inferior ou de baixa qualidade. A maioria das pessoas se dá mal porque não tem clientes suficientes!

A *Starbucks* oferece o melhor atendimento e café que existem? Não sei. Mas sei que a empresa de fato investiu para que fosse fácil e conveniente comprar seu café. Ela se atenta para que as pessoas não fiquem muito tempo na fila, peguem o café certo e, depois, sejam cumprimentadas? Claro. Mas garanto que a empresa, antes de tudo, preocupa-se em atrair o cliente. O *Google* oferece a melhor ferramenta de busca e a melhor experiência e serviço ao cliente? Aparentemente, a empresa traz melhorias a essa experiência? Com certeza. Mas, antes disso, domina o espaço de forma tão clara e recebe tanta atenção que é o site mais utilizado. O que quero dizer com isso? Marcas que realmente levam satisfação ao cliente não focam no serviço, e sim na aquisição do cliente. As organizações em crescimento primeiro precisam de reconhecimento do público; depois, fazem de tudo para deixá-los felizes. Lembre-se, a satisfação do cliente não existe sem que exista o cliente.

Empresas americanas se tornaram tão obcecadas com a "satisfação do cliente" que perderam de vista o principal – e vital – fator: a aquisição do mesmo! "Primeiro o mais importante", como diriam no sul. A satisfação do cliente não deveria ser uma iniciativa, mas sim algo tão inerente à organização que toda sua atenção estaria focada na aquisição dele. Ganhar a atenção de um consumidor ou mercado em potencial e não conseguir capitalizar um usuário para seus produtos e serviços não faz sentido, além de ser o mais caro dos seus erros. Ainda assim, é o que acontece com muitas organizações.

Digamos que uma empresa consiga chamar minha atenção por tempo suficiente para que eu leve em consideração seus produtos, mas depois não faz o necessário para merecer minha atenção e, assim, para que eu me torne um cliente. Não sendo um cliente, é impossível que seja um cliente satisfeito. O que quero dizer é: não coloque o carro na frente dos bois. Perceba como os empresários se preocupam com a satisfação do cliente e, por isso, empregam pesquisas de satisfação com indivíduos que se tornaram clientes – e ignoram completamente aqueles que não se tornaram. Este é um grande erro e um ótimo exemplo de uma "prática única" (discutida no capítulo 10), que vai mostrar imediatamente como conseguir mais clientes. Além de entrevistar os que já são, coletar informações daqueles que não compraram vai mostrar muito mais à empresa sobre a real satisfação do cliente! Você não quer saber por que ele não fez a compra? Você acha que não satisfez um cliente e, assim, nunca conquistou um? A maioria das empresas não consegue devido à baixa qualidade do seu produto, serviço ou oferta. Falham porque não têm ações estratégicas para adquirir o suporte – o cliente. É por isso que sugiro que a satisfação do mesmo é a meta errada – porque é impossível "satisfazer" alguém que nem sequer se tornou um comprador.

Não quero deixar de lado a satisfação do cliente depois de conquistá-lo, mas sim voltar sua atenção à conquista em si. Entenda também que é impossível acabar de vez com as reclamações. Claro, existem medidas a serem tomadas que melhoram seu produto ou serviço. Mas, ao lidar com seres humanos, você vai se deparar com reclamações e insatisfação. É simples assim. O melhor que se pode fazer é resolver essas reclamações e insatisfações assim que aparecerem (e elas vão aparecer, prometo), e tratá-las como oportunidades para se comunicar com seus clientes. Você precisa de mais pessoas interagindo com seu produto ou serviço e a empresa. Sim, as reclamações vão aumentar ao lidar com seres humanos, mas o reconhecimento também aumentará. Aumente o número de usuários do seu produto ou serviço por meio da ação potencializada, e não por meio de iniciativas maçantes que fazem as pessoas desistirem da aquisição.

Abri meu primeiro negócio com a ingênua ideia de que trabalharia com alguns clientes e de que poderia focar minha atenção neles (assim, gerando grande satisfação). Entendia que isso me daria grande vantagem no mercado e permitiria que meu serviço fosse de qualidade e fizesse a diferença. Embora a ideia fosse boa, não aconteceu bem assim. Primeiramente, esse plano não me colocou na escala necessária para começar um negócio com abrangência suficiente para chamar atenção, e eu fiquei sem dominância; sem falar no fluxo de caixa necessário para manter meus clientes. Além disso, não me permitiu compartilhar minha informação com a quantidade suficiente de pessoas de sucesso.

Quando finalmente comecei a pensar em níveis mais altos e comprometi-me a expandir minha marca e ter 10 vezes mais clientes, multipliquei minha exposição à décima potência e aumentei o número de pessoas e empresas de sucesso que até então evitara. Mudei o foco para quantidades monumentais, em vez de apenas servir uma pequena quantidade de clientes, e isso melhorou minha capacidade de divulgar a mim mesmo e a empresa para mais e mais pessoas. As críticas que recebi se intensificaram – juntamente com os elogios. Na verdade, tive mais sucessos do que fracassos porque me expus a grandes quantidades de pessoas usando meu material. Aumentar o número de participantes nos meus seminários e *workshops* amplificou o número de clientes de qualidade que eu tinha – e expandiu o número de indivíduos expostos às minhas ideias e técnicas. Assim, mais pessoas falavam sobre as minhas metodologias com seus associados; que, por sua vez, transmitiriam-nas às pessoas que conheciam, e assim por diante. Quanto mais gente falava de mim, mais eu conseguia expandir minha marca, chamar atenção, adquirir mais clientes – e, então, gerar mais satisfação para eles. Pense dessa forma: o *Facebook* ou o *Google* estariam em melhor posição se seus serviços fossem utilizados por menos pessoas? Se isso fosse verdade, nem os usaria de exemplo.

A prática da satisfação do cliente não se limita à forma como você os trata depois de tê-los conquistado. Deve-se focar no que você faz para fidelizá-los. A qualidade dos clientes que você mantém tem um efeito direto no nível de satisfação dos mesmos. Você não atinge a qualidade sem buscar a quantidade. Lembre-se também do que discutimos no capítulo anterior: críticas e reclamações são indicativos inevitáveis de que você está crescendo como deveria. Então, deixe de lado as críticas, dê boas vindas e lide com as reclamações; faça o possível para expandir sua marca. Quanto mais pessoas servir, maiores são as chances de interagir com consumidores de qualidade.

É claro que você quer manter – e superar – as promessas que faz. Porém, se seu foco é realizar um serviço 10X mais excepcional antes da conquista do cliente, essa parte virá naturalmente depois disso. Isso se você tiver um grande produto, serviço, ideia ou investimento. Agora, você precisa aumentar sua base de apoio para tal. Infelizmente, existem milhares de organizações que vendem produtos inferiores todos os dias. Embora eu não esteja sugerindo que você ofereça produtos de baixa qualidade, nem sacrifique a qualidade dos seus produtos, tento enfatizar uma realidade infeliz: a dominação do mercado tende a ter mais valor do que as outras coisas. Empresas que vendem produtos de baixa qualidade fazem da conquista dos clientes seu objetivo número um – e depois lidam com os problemas que esses produtos apresentam.

Nenhuma organização do mundo gerou sucesso em massa limitando suas conquistas. A *Apple* aprendeu essa lição da maneira mais difícil, durante muito tempo. Foi "assassinada" pela *Microsoft* durante décadas – uma empresa que nenhum usuário da *Apple* diria ter vendido um produto inferior –, porque enquanto a *Microsoft* disponibilizava seus produtos para a massa, a *Apple* focava num número menor de pessoas. Veja a mudança pela qual a *Apple* passou nos últimos anos, tornando seus produtos atrativos para a massa. 3% dos domicílios tem um *iPad,* e 63% usam um MP3, sendo que a *Apple* tem 45% do mercado. Ela claramente está adotando a "ação para as massas" fortemente nos últimos dias, com o objetivo de dominar com sua marca!

Lembre-se: mesmo que seu produto e empresa funcionem perfeitamente, receberão reclamações dos consumidores – porque eles são humanos. Não é possível deixar todos felizes o tempo inteiro. É um erro ter medo das reclamações. Pelo contrário, motive-as, procure-as, encontre-as, e depois solucione-as. Reclamações são a forma com que seus clientes lhe dizem exatamente como melhorar seu produto. Se você lidar com cada situação com ansiedade e ofender um cliente, nunca vai dominar o mercado.

Voltemos à *Apple*. Essa empresa atualmente não se preocupa tanto com a satisfação do cliente, a ponto de criar novos produtos pelos quais as pessoas fazem fila para comprar. Reconhece a ordem adequada dos objetivos: (1) conquistar clientes (com um produto ou serviço incrível pelo qual trabalhou em níveis 10X para criar); (2) impressioná-los com sua grandeza durante o processo de compra; e (3) estabelecer a fidelização do cliente (por meio de compras repetidas, apoio, marketing boca-a-boca etc.). Ao começar um negócio, sua primeira meta não deve ser a satisfação do cliente (ainda), e sim sua conquista, referência e fidelização. Depois, mais conquista, usando os consumidores que você fidelizou.

Quero que todos tenham meus produtos, não só alguns. Quero que as massas – não só algumas pessoas – conheçam meus produtos e a mim. Não estarei satisfeito até que 6 bilhões de pessoas me conheçam. Quero que todos comprem de mim várias vezes. E quero estar em suas mentes regularmente, e ter tal impacto sobre eles e suas empresas que nunca pensem em comprar outra coisa.

Essa linha de raciocínio difere tanto de se concentrar intensamente na satisfação do cliente que a equipe de vendas se preocupa em desapontá-los e pressioná-los, com medo de que isso possa prejudicar a opinião deles. Conheço equipes de vendas que são penalizadas quando recebem reclamações, o que me parece estranho por muitos motivos. Por exemplo, isso sugere que essas situações devem ser evitadas, e isso é impossível. Mesmo se fosse possível, por que alguém iria querer isso? Reclamações e problemas são oportunidades de gerar mais negócios e resolver mais questões, e de dar aos seus consumidores a chance de divulgar suas habilidades para resolver esses problemas!

Se você, de fato, quer descobrir quais são os pontos fracos da conquista do cliente e da fidelização, então pergunte às pessoas que não conquistou. Quanto antes fizer essas perguntas, melhor – no mundo ideal, assim que saem ou se recusam a consumir. E pergunte também sobre os processos – não sobre as pessoas – que encontraram. Pode ser algo do tipo:

Quanto tempo você passou aqui?
Você falou com um gerente?
Mostraram a você produtos opcionais?
Apresentaram-lhe uma proposta?
Alguém levantou a possibilidade de levar o produto até sua casa/escritório?

Sinta-se à vontade para ligar para meu escritório para saber como criar essa pesquisa para sua situação específica (800-368-5771). Podemos ajudá-lo a identificar o que perguntar e destacar onde está o ponto fraco.

Qual foi a última vez que uma empresa da qual você decidiu não comprar pediu um *feedback* sobre a experiência? Os vendedores lhe deram atenção suficiente? Eles acompanharam seu processo de tomada de decisão? Eles o abordaram de forma entusiasmada, oferecendo soluções? Alguém da gerência veio lhe cumprimentar, mostrar opções ou até apresentar o produto ou a proposta? Alguém ligou para você? Aposto que a maioria das respostas será não. As empresas falham não porque ofendem os clientes, mas porque não agem o suficiente para conquistá-los. E garanto que essas mesmas empresas fazem uma reunião atrás da outra para melhorar a satisfação do mesmo. Fazem pesquisas com aqueles que compram e não perdem tempo perguntando o motivo àqueles que não compraram. Some a isso o fato de que a maioria dessas pesquisas foca no que o vendedor fez de errado, em vez de observar o que está errado com os processos e pensamento da organização.

Lembre-se da ordem de importância: a conquista do cliente é a primeira meta, seguida pela fidelização, e depois a divulgação boca-a-boca. Essa abordagem faz com que a empresa continue investindo no desenvolvimento do produto, na melhoria dos processos e no aumento da promoção – que, em última instância, gera a real satisfação do cliente.

Exercício

Você já foi entrevistado por uma empresa da qual não comprou?

____

____

____

O que é mais importante que a satisfação do cliente?

1. ____

____

____

2. ____

____

____

Por que a maior parte dos negócios dá errado?

____

____

____

____

Que tipo de perguntas poderiam ser usadas quando não se conquista um cliente?

____

____

____

____

20

ONIPRESENÇA

A palavra "onipresença" significa estar por toda parte, em todos os lugares, a todo momento. Você pode imaginar como seria se você, sua marca e sua empresa pudessem estar em todos os lugares o tempo todo – e quanto poder isso lhe daria? Embora pareça impossível, este deveria ser seu objetivo. As coisas mais valiosas do planeta supostamente estão disponíveis em todos os lugares. É impossível buscar o sucesso real sem pensar em termos de tornar suas ideias, seus produtos, seus serviços ou sua marca algo universal. As coisas das quais as pessoas mais dependem são onipresentes, desde o oxigênio que respiramos até a água que bebemos, o combustível que usamos, a eletricidade que percorre nossa casa e os produtos com marcas famosas pelo mundo. O que esses itens têm em comum é que estão acessíveis em qualquer lugar. Você os vê constantemente, depende deles e acostumou-se a utilizá-los, na maioria dos casos, diariamente.

Pense em algo óbvio, como os noticiários. Canais de TV, jornais, rádios e a internet passam notícias ininterruptamente – então, as pessoas pensam nelas frequentemente. Vemos notícias ao acordar, falamos sobre elas durante o cafezinho e ouvimos falar delas durante o dia todo; além disso, assistimos a elas antes de dormir.

É com esse pensamento que você deve trabalhar: estar disponível em todos os lugares. Você quer que as pessoas o vejam bastante para que sempre pensem em você e imediatamente identifiquem seu rosto, nome ou logotipo, não só pela oferta que representa, mas por aqueles que representam ofertas semelhantes às suas. Muitos acham, erroneamente, que podem fazer algumas ligações, uma ou duas visitas e mandar alguns e-mails e, de alguma forma, ganhar a atenção das pessoas. Mas verdade seja dita: nenhuma dessas ações fará com que as pessoas pensem em você o suficiente para gerar um efeito considerável. Você está trabalhando com o nível correto de metas e pensando grande? Senão, é hora de expandir sua abordagem e aumentar sua marca, com o objetivo de dominar e estar em todos os lugares.

Meu objetivo atualmente é fazer com que 6 bilhões de pessoas ouçam meu nome constantemente e saibam o que estão ouvindo. Assim, quando ouvirem falar de treinamento de vendas, elas devem pensar em mim. Embora isso soe irreal, provavelmente inalcançável, é a meta, o pensamento, a marca e o conceito corretos do meu negócio – estar em todo lugar. O mero comprometimento para fazer algo grandioso assim já vale a aventura. Mesmo antes de conseguir atingir meu objetivo completamente, conseguirei mais sucesso só por tentar. O dinheiro será um dos resultados? Com certeza! As pessoas vão comprar meus produtos? Com certeza! Vou gerar sucesso para minhas ideias e conseguir apoio para o que quer que esteja tentando conquistar? Garantido!

Esse pensamento vai permitir a tomada de todas as decisões, com o objetivo de me mover na direção de que todos no planeta me conheçam, assim como meus produtos, minha empresa e meus esforços! Todas as decisões que tomamos na minha empresa baseiam-se nesta missão: apresentar o planeta inteiro a Grant Cardone. Embora nossas metas devam ser financiadas, o dinheiro não é o interesse primário. Sabemos que o lucro será um resultado dos nossos esforços para estarmos em todos os lugares ao mesmo tempo. Não perguntamos quanto vai custar um projeto, se o mesmo se encaixa no orçamento ou se temos tempo para fazer algo. Perguntamos: vai nos ajudar a realizar a missão de estar em todos os lugares? Não paramos para pensar se eu quero viajar, falar para um grupo menor ou qual será o resultado. Simplesmente, não deixamos que nenhuma desculpa ou distração limite nossa expansão. Da mesma forma, qualquer tentativa para que você mesmo, sua marca, seu produto ou seu serviço seja onipresente automaticamente vai guiar suas ações e decisões.

Esse pensamento é muito grande? Para a maioria das pessoas, sim. É necessário? Bem, se você não quer se acomodar no mediano, sim. Porém, se você está considerando isso, volte e releia os capítulos sobre o motivo pelo qual os objetivos medianos dão errado. E também porque o normal não funciona. Mostre-me uma grande empresa que não atingiu a onipresença. *Coca-Cola, McDonald's, Google, Starbucks, Phillip Morris, AT&T, La-Z--Boy, Bank of America, World Disney, Fox TV, Apple, Ernst & Young, Ford Motor Company, Visa, American Express, Macy's, Wal-Mart, Best Buy* – esses nomes estão em todo lugar. Cada uma dessas empresas está em todas as cidades – em alguns casos, em toda esquina –, e a maioria está presente no mundo todo. Você vê suas propagandas, conhece os logos e sabe até cantarolar alguns de seus *jingles*, além de usar seus nomes para descrever seus produtos; e, em alguns casos, também os produtos da concorrência.

Existem pessoas que conquistaram a onipresença tão bem que o mundo imediatamente reconhece seus nomes, como Oprah, Bill Gates, Warren Buffett, George Bush, Barack Obama, Abe Lincoln, Elvis, The Beatles, Led Zeppelin, Walt Disney, Will Smith, Madre Teresa, Muhammad Ali, Michael Jackson, Michael Jordan e assim por diante. Goste deles ou não, cada uma dessas pessoas criou um nome para si próprio que quase todos conhecem – ou, pelo menos, reconhecem e assimilam a algo importante. A forma como controlam suas marcas determina o sucesso em longo prazo e a durabilidade.

Meu pai me dizia: "Seu nome é seu bem mais importante. Podem tirar tudo de você, mas não podem tirar seu nome". Embora eu concorde com ele sobre a importância dos nomes, tornam-se menos importantes se ninguém os conhece. A menos que saibam quem você é, ninguém vai prestar atenção no que representa. Você tem de fazer com que as pessoas o conheçam, o que significa chamar atenção. Quanto mais atenção você chama, mais lugares você ocupa; com quanto mais pessoas você conviver, maiores são as chances de estar em todos os lugares. E tudo isso aumenta suas chances de usar seu bom nome para fazer um bom trabalho.

Você já ouviu o ditado: "é suficiente ajudar somente uma pessoa?". Embora seja bom ajudar alguém – é certamente melhor do que não ajudar ninguém –, eu não acredito que ajudar somente uma pessoa seja suficiente. Sei que o ditado é bom, e que enfatiza a importância de ajudar o próximo, mas existem aproximadamente 7 bilhões de pessoas no planeta e a maioria delas precisa de algum tipo de ajuda. Seu objetivo deve – e pode – ser maior do que "só uma pessoa". E para que isso aconteça, as pessoas precisam saber quem você é e o que representa! Senão, não poderá ajudar nem uma pessoa – muito menos fazer diferença em 7 bilhões.

Você deve pensar em termos de estar em todos os lugares o tempo todo. Este é o pensamento 10X necessário para dominar sua área. Se você se comprometer a tomar ações 10X consistentemente, acompanhadas de mais ações 10X, com certeza será levado a situações em que se encontrará em todos os lugares. A primeira coisa a ser feita é sair da obscuridade e mostrar ao mundo o que você pode fazer por ele. E depois, fazer isso com vontade. Embora possa parecer chato, só será uma tarefa se seus objetivos forem muito pequenos, egoístas – e não alcançados. Prometo que não será tão chato quando você chegar ao topo. Talvez você queira ser rico – mas por quê? Vai usar o dinheiro para quê? Existe um propósito maior na sua vida? Afinal, você pode acumular tanta riqueza pessoal, até que isso não seja mais importante. Talvez você queira acumular riquezas para ajudar mais pessoas e melhorar as condições da humanidade. Para isso, seria preciso ser onipresente: em todo lugar, a toda hora.

Quanto maior o objetivo, mais combustível será necessário para suas ações 10X. Isso é necessário para alcançar a onipresença. Pessoas famosas e influentes alcançam esse *status* porque estão convencidas a alcançar sua meta escrevendo livros, dando entrevistas, fazendo *blogs*, escrevendo artigos, aceitando dar palestras e dizendo "sim" constantemente para chamar atenção para si próprias, suas empresas e seus projetos. Estes são resultados do pensar grande. Não é uma chatice; é uma paixão. Só se torna chato quando seu pensamento e suas ações são pequenos demais e não geram um resultado animador. Você é capaz de muito mais do que está fazendo agora. Quando alinhar seu pensamento com o propósito certo, vai passar a fazer ações 10X – e se encontrar simultaneamente propenso a chegar a mais lugares do que já imaginou ser possível.

Para que sua vida não seja como "trabalho" – ou como um daqueles hamsters que correm na roda de exercícios –, é preciso pensar nas quantidades certas. Onipresença – o objetivo de se estar em todos os lugares, o tempo todo, ao mesmo tempo – é exatamente o tipo de pensamento potencializado que falta nas expectativas da maioria das pessoas, em relação a elas mesmas e aos seus sonhos.

Primeiro, é preciso se comprometer com sua marca, ideia, conceito, empresa, produto ou serviço para deixar uma marca no planeta. Para isso, é preciso se envolver com a comunidade, o sistema de Educação, a vizinhança e os políticos locais. Você deve comparecer e ser visto em eventos, escrever no jornal local e se conectar aos atores da sua comunidade. Após se envolver, faça o possível para se manter ativo, para que os outros o vejam, leiam, escutem e pensem em você. Diga "sim" a toda oportunidade que tiver de se comunicar. Escreva, fale, dê palestras sobre o que você faz, até grite pelas ruas se for necessário. Comprometa-se à onipresença!

Eu mesmo não tinha aprendido essa lição até ser atacado por pessoas que não queriam meu bem. Aí, tive que descobrir como me virar. Minha reação instintiva foi retaliar imediatamente, infringindo o mal fisicamente (em um momento de insanidade). Porém, minha esposa lembrou-me do ditado: "A maior vingança é o sucesso potencializado". Ela me aconselhou a ir em frente com tanta vontade e presença que todas as vezes que as pessoas acordassem, ligassem a TV ou fizessem uma negociação poderiam visualizar meu rosto – e se lembrariam de como eu estava bem. Escutar a verdade da minha sã e positiva esposa imediatamente me acalmou. E ficou claro que a melhor vingança não viria pela força, mas simplesmente pelo sucesso.

Em vez de gastar minha energia com retaliações, preferi usar não só a energia, mas também os recursos e a criatividade para me tornar onipresente e aumentar minha marca. Esse investimento em energia é muito melhor do que perseguir alguém. Pense em como utilizar essa imagem para descobrir como estar em mais lugares ao mesmo tempo. Imediatamente depois desse ataque, preocupei-me mais em estar em todos os lugares a todo o momento. Escrevi meu primeiro livro e, três meses depois, comecei outro. Terminei meu terceiro livro, e minha equipe passou meses fazendo o possível para torná-lo um *best-seller* do *New York Times* – e conseguiram!

O objetivo era fazer o possível para disseminar meu material e minhas informações. Começamos com o *YouTube* e o *Flickr*, promovendo vídeos motivacionais, dicas de vendas e estratégias de negócios para nossos clientes – e pedimos que as pessoas os passassem adiante. Pessoalmente, gravei mais de 200 vídeos e escrevi 150 *blogs* e artigos, além de dar 700 entrevistas em 18 meses. Depois, comecei a me expor na televisão nacional com as redes de TV e a cabo. *Fox, CNBC, MSNBC, Rádio CNN, RWSJ* e mais, todos passaram a me convidar para os programas. No mesmo período, escrevi pessoalmente mais de 2.000 *posts* no *Facebook*, *Twitter* e *LinkedIn*. Tudo isso combinado com o que minha equipe fazia para divulgar meu nome. Meu rosto, meu nome, minha voz, meus artigos, minhas metodologias e meus vídeos começaram a figurar em todos os lugares – muitos, ao mesmo tempo. As pessoas com quem nunca tinha feito negócios me diziam: "Vejo seu nome em todo lugar!". Estava completamente focado em expandir minha marca e me tornar conhecido pelo resto do mundo, em vez de me preocupar com um pequeno grupo de críticos.

Meus negócios explodiram em todos os aspectos. As oportunidades apareciam diariamente. Começamos a chamar atenção não só daqueles nos quais focamos, mas das pessoas do mundo todo. Como resultado dessa campanha, meus livros estão sendo traduzidos para o chinês e o alemão. Agora, pedidos de França, México, África do Sul e outros países estão chovendo, com interesse nos nossos programas de treinamento de vendas e livros. Pessoas nos ligam dos Estados Unidos e de outros países interessadas em fazer programas de TV, solicitando artigos para revistas. Não quero parecer convencido. Só estou demonstrando o que pode acontecer quando as atitudes certas são tomadas em níveis corretos, com pensamentos do tamanho certo.

Todas as empresas, as ideias, os produtos e as pessoas poderosas são onipresentes. Podem ser encontrados em qualquer lugar. Dominam o setor e se tornam sinônimo daquilo que representam. O sucesso real é medido pela longevidade. Então, se você quer se sentir animado e apaixonado em longo prazo, faça da onipresença seu objetivo constante. Seu nome, sua marca e sua reputação só são seus bens mais valiosos se as pessoas os conhecerem e utilizarem-nos. E lembre-se, a melhor forma de dar o troco àqueles que querem o seu mal é ficar tão conhecido que, toda vez que perceberem – todas as manhãs, ao acordarem, e antes de irem dormir –, verão alguma evidência de você e do seu sucesso.

Exercício

O que significa ser onipresente?

____

____

____

____

Quais passos você precisa dar para se tornar onipresente?

____

____

____

____

____

Qual é o lado bom de agir de forma tão potencializada que o mercado torne seu nome sinônimo do que você representa?

____

____

____

____

Qual é a melhor forma de se vingar dos seus críticos?

____

____

____

____

21

DESCULPAS

Este é o momento em que devemos analisar as desculpas que provavelmente usaremos para evitar que algo desse tipo aconteça. Todos dão desculpas. A maioria das pessoas até elege as favoritas, aquela que utiliza mais de uma vez. Tenho certeza que você está se lembrando das suas agora. Então, em vez de ignorá-las, vamos confrontar esses monstrinhos para que eles não nos distraiam mais tarde.

Uma "desculpa" é uma justificativa para fazer – ou não fazer – algo. Acho que o dicionário explica como um "motivo". Porém, na verdade, uma desculpa normalmente é outra coisa, e não o motivo real que direciona suas ações (ou a falta delas). Por exemplo, digamos que sua desculpa para chegar atrasado ao trabalho seja o trânsito. Bem, esse não é de fato o motivo pelo qual você não chegou a tempo. O motivo é que você saiu de casa sem tempo para enfrentar o trânsito. As desculpas nunca são o motivo pelo qual você fez ou deixou de fazer algo. São só uma revisão dos fatos que você inventa para se sentir melhor em relação a algo que aconteceu (ou não). Inventar desculpas não altera sua situação. Só analisar o real motivo pode fazer isso. Desculpas são utilizadas por pessoas que se recusam a se responsabilizar por suas vidas e suas ocorrências.

Escravos e vítimas inventam desculpas – e para sempre estarão destinados a ficar com as sobras dos outros.

A primeira coisa que se deve saber sobre as desculpas é que elas nunca melhoram sua situação. A segunda coisa é conhecer as que você utiliza com frequência. Alguma delas soa familiar? "Não tenho dinheiro, tenho filhos, não tenho filhos, sou casado, não sou casado, tenho que encontrar equilíbrio na vida, estou trabalhando demais, estou sem trabalho, muitas pessoas trabalham aqui, não temos funcionários suficientes, meu gerente é péssimo/ não me ajuda/ não me deixa em paz/ é negativo/ é muito estressado, não gosto de ler, não tenho tempo de estudar, não tenho tempo para nada, nossos preços são muito altos, nossos preços são muito baixos, o cliente não vai me ligar, o cliente cancelou a reunião, as pessoas não me dizem a verdade, elas não têm dinheiro, a economia vai mal, os bancos não estão fazendo empréstimos, meu chefe é pão-duro, não temos/ não encontramos as pessoas certas, ninguém está motivado, as pessoas têm atitudes erradas, ninguém me disse nada, foi culpa de alguém, eles sempre mudam de ideia, estou cansado, preciso de férias, as pessoas com quem trabalho são muito fracas, estou em depressão, estou doente, minha mãe está doente, o trânsito está horrível, a concorrência está abrindo mão do seu produto, tenho muito azar..."

Já está de "saco cheio"? Eu estou! Tive de ir fundo na minha mente para criar algumas dessas desculpas. Quantas delas você já usou? Volte e circule todas as afirmações que já ouviu sair de sua boca. Agora, pergunte-se: alguma dessas desculpas vai melhorar sua condição? Duvido.

Então, por que as pessoas as usam tão frequentemente? E isso importa? Uma desculpa é só uma mudança na realidade. Nada em relação a ela vai direcioná-lo a uma situação melhor. O fato de "o cliente não ter dinheiro" não ajuda você a fechar negócio. O fato de "só ter má sorte" não vai melhorar suas condições de vida ou mudar sua sorte.

Na verdade, se você fizer mentalizando essa ideia, começará a esperar isso – garantindo, assim, que as coisas continuem a dar errado.

Você precisa entender a diferença entre dar desculpas e fornecer motivos reais e plausíveis para os eventos. Este livro foca nas muitas diferenças entre os que têm sucesso e os que não têm – e uma grande diferença é que as pessoas de sucesso simplesmente não dão desculpas. Na verdade, são pouco razoáveis quando se trata de dar motivos – pelo menos para o fracasso. Eu nunca me pergunto (nem pergunto a ninguém) por que não consegui levar meu produto ao mercado, arrecadar dinheiro ou vender o suficiente porque, até onde eu sei, nenhuma resposta será boa. Não existem justificativas que possam mudar esses fatos ou situações – e qualquer motivo que eu der serão só oportunidades a serem aproveitadas. Qualquer linha de pensamento a seguir dará a alguém a chance de encontrar uma solução. Lembre-se do que eu disse repetidamente neste livro: "Nada acontece com você; acontece por causa de você". Desculpas são só outro componente – e fazem muita diferença entre ter sucesso ou não.

Se você fizer do sucesso uma opção, então ele não será uma opção. Simples. Nenhuma desculpa pode, ou vai, dar-lhe sucesso. Ter autopiedade e dar desculpas são sinais de que alguém tem pouca responsabilidade. "Ele não comprou de mim porque o banco não fez o empréstimo". Não, ele não comprou porque você não pôde oferecer segurança financeira ao seu consumidor. A primeira frase significa que você não é responsável pelo fato, enquanto, na segunda, você é – e identifica a solução. Após adotar um senso mais avançado de responsabilidade – e se recusar a inventar mais desculpas –, você pode sair e buscar uma solução. E como bônus, vai evitar tais situações no futuro.

A qualidade de ser raro é o que torna algo valioso. Então, tudo que existe demais tem pouco valor. As desculpas são um exemplo de item que as pessoas parecem ter grande estoque. Como há muitas, não têm valor. Como elas não se relacionam ao seu desejo de gerar mais sucesso para si mesmo, são inúteis gastos de energia. Se você vai buscar o sucesso como aprendeu neste livro – não como opção, mas como dever, obrigação e responsabilidade –, então precisa se comprometer a nunca dar desculpas para nada! Não pode permitir que você, sua equipe, sua família ou ninguém da sua organização dê mais nenhuma desculpa como motivo para algo que não deu certo. Como diz o velho ditado: "se é para acontecer, acontecerá".

Exercício

Qual é a diferença entre a desculpa e o motivo?

____
____
____
____

Quais são as duas coisas você deve saber sobre as desculpas?

____
____
____

Quais desculpas você tem utilizado?

____
____
____

22

BEM-SUCEDIDO OU MALSUCEDIDO?

Tenho estudado pessoas de sucesso há muito tempo e descobri as diferenças entre elas e aquelas que conquistam menos – e não é bem o que eu esperava. As diferenças entre esses dois grupos não têm nada a ver com economia, educação ou geografia. Embora essas experiências e eventos certamente influenciem as pessoas e seus pontos de vista, não são fatores determinantes em suas vidas. Posso apontar pessoas que não estudaram, vieram de famílias desestruturadas e viveram em lugares carentes, e ainda assim conseguiram elevar seu sucesso a níveis estratosféricos.

As pessoas bem-sucedidas falam, pensam e agem em relação a situações, desafios e problemas de forma diferente dos demais – e definitivamente pensam diferente sobre o dinheiro. Neste capítulo, estão listadas as qualidades mais comuns, assim como traços de personalidade e hábitos que fazem com que as pessoas de sucesso sejam como são. Cada item é seguido por algumas ideias sobre cada categoria. Isso fará com que você tenha mais consciência dos tipos de hábitos e características que deveria desenvolver – e motivar seus funcionários e colegas a fazerem o mesmo. A única forma de alcançar o sucesso é agir da mesma forma que aqueles que já o alcançaram. O sucesso não é diferente de nenhuma habilidade. Duplique as ações e os pensamentos das pessoas de sucesso e crie-o também para si próprio.

A lista a seguir mostra como se deve agir para ter sucesso. Ela é baseada nas minhas descobertas sobre as pessoas de sucesso e a forma como agem.

1. Tenha uma atitude "eu posso"

As pessoas com atitude "eu posso" vivem cada situação com a visão de que tudo pode ser feito. Utilizam com frequência frases como "Conseguimos", "Vamos fazer acontecer", "Vamos resolver isso" – e sempre acreditam que existe uma solução. Dão explicações, resolvem questões e comunicam os desafios com uma visão muito positiva. Elas respondem às situações mais difíceis ou praticamente impossíveis da maneira "eu posso". Essa atitude é mais valiosa do que um produto de melhor qualidade ou um preço mais baixo. E é uma das únicas maneiras de atingir ações 10X. Se você não quer enxergar tudo com a atitude de que pode ser feito, então não estará de fato pensando em 10X. Você deve acreditar e convencer os outros de que a solução de fato existe – mesmo que tenha que se esforçar um pouco mais para encontrá-la. Incorpore este tipo de visão "eu posso" à sua linguagem, aos seus pensamentos, às suas ações e respostas com todos que você conhece. Ajude sua empresa a desenvolver este tipo de atitude, fazendo com que pensem nisso diariamente. Pegue o pedido mais impossível e descubra como respondê-lo com uma atitude "eu posso". Faça com que você e seus colegas deem respostas como "eu posso fazer, sem problemas – nós daremos um jeito!". Faça disso regra – e nada além disso será aceito.

2. Acredite que "eu vou dar um jeito"

Essa visão caminha de mãos dadas com a atitude "eu posso". Novamente, refere-se ao indivíduo que sempre procura ser responsável e resolver os problemas. Mesmo que você não saiba bem como fazer algo, a melhor resposta é "eu vou dar um jeito", e não "eu não sei". Ninguém valoriza uma pessoa que não só não tem uma informação, como também não quer saber sobre ela. Essa resposta não acrescenta nada à sua credibilidade e competência. Não acredito na teoria de que você deve dizer às pessoas quando não sabe alguma coisa. Como isso ajuda a situação? Você realmente quer se vangloriar da sua incapacidade, ou acha que o mercado – ou seus clientes – valoriza tanto a honestidade a ponto de admitir que está perdendo tempo com você? Você pode admitir que não conhece alguma coisa, contanto que imediatamente prometa que vai descobrir ou perguntar a alguém que conheça. Largar mão de uma tarefa não leva nada para frente. Comunique a você mesmo e aos outros que quer fazer o que for necessário para dar um jeito! Uma resposta alternativa a "eu não sei" é: "ótima pergunta. Vou checar essa informação e descobrir". Você continua sendo honesto, mas incita à solução, em vez de implicar inaptidão.

3. Foque na oportunidade

Pessoas de sucesso veem todas as situações – até problemas e reclamações – como oportunidades. Onde os outros veem dificuldade, elas sabem que problemas resolvidos significam novos produtos, serviços, clientes – e, provavelmente, sucesso financeiro. Lembre-se: o sucesso significa superar um desafio. Assim, é impossível ter sucesso sem passar por algum tipo de dificuldade. Não importa qual seja o desafio; se puder lidar com ele apropriadamente, será recompensado. E quanto maior o problema, maior também a oportunidade.

Quando um problema existe para todo o mercado e todas as pessoas que o compõem, isso se torna um equalizador. A única pessoa que se destaca é aquela que foca na oportunidade e vê os problemas como portas para o sucesso. Essas pessoas conseguem usar o problema em mãos para se separarem das demais e dominarem o mercado. Existem inúmeras situações que a maioria tende a enxergar como obstáculos, e nada mais: recessões, desemprego, problemas com imóveis, conflito, reclamações dos clientes, empresas que vão à falência, entre outros. Se você puder aprender a vê-los como *prospects* em vez de problemas, continuamente irá ao topo.

4. Ame os desafios

Enquanto a maioria das pessoas odeia as mudanças – e as utiliza como motivos para se afundarem ainda mais na indiferença –, os que têm sucesso são impulsionados e revigorados pelos desafios. Acredito que a ideia de se sentir derrotado seja resultado de nunca agir suficientemente para gerar ganhos satisfatórios. O sucesso atrai mais sucesso e as perdas aumentam suas chances de obter mais perdas. Os desafios são experiências que aprimoram as habilidades das pessoas de sucesso. Para atingir seus objetivos, você deve enxergar todo desafio como combustível. A vida pode ser cruel, e as pessoas podem vivenciar muitas perdas com o tempo. Muitos chegam a um ponto em que todo desafio que encaram automaticamente se iguala à perda em sua mente. Existem formas de se reabilitar, porém, para que as dificuldades que você vivenciou na vida não roubem-lhe a chance de vencer novos desafios com gosto e animação.

Quando você consegue desenvolver uma visão mais positiva, começa a ver o desafio como um estímulo para se comprometer, em vez de uma desculpa para evitar algo. Você precisa se reeducar em relação à noção de "desafio" – e saber que cada desafio é uma oportunidade de vencer. E não se engane: vencer na vida é essencial. Em cada minuto de todo dia, sua mente está automaticamente computando suas vitórias, derrotas e empates – e faz isso com base no que você conhece ser seu potencial completo. Quanto mais você vence na vida, maior torna-se seu potencial – e mais você passa a amar os desafios.

5. Procure resolver os problemas

Pessoas de sucesso amam procurar problemas porque sabem que quase todos são universais de alguma maneira. Algumas indústrias realmente criam problemas para que possam "resolvê-los" como forma de vender mais produtos para você (pense em todas as coisas que comprou na vida porque "precisava". Precisava mesmo? Ou estava convencido de que resolveriam algum problema que você tinha ou não tinha?). Vacinas para gripe são um ótimo exemplo. Muitas pessoas as consideram necessárias, mas a opinião médica se divide. Os problemas para os que têm sucesso são como uma refeição aos que têm fome. Dê-me um problema – qualquer um – e, quando eu resolvê-lo, serei recompensado e posso me tornar um herói. Quanto maior o problema – e quanto mais pessoas se beneficiarem com a solução –, mais poderoso será seu sucesso. Você entra no rol das pessoas de sucesso procurando problemas para resolver – para sua empresa, seus funcionários, seus clientes, o governo –, o que quer que seja e se é que existem. O mundo é cheio de pessoas que têm – e que, infelizmente, causam – problemas. Uma das maneiras mais rápidas e melhores de se destacar das massas é se estabelecer como alguém que melhora as situações, não piora.

6. Persista até alcançar o sucesso

A capacidade de persistir em um caminho apesar dos obstáculos, eventos inesperados, más notícias e resistência – continuar firmemente em algum estado, propósito ou curso de ação apesar das condições – é um traço comum àqueles que alcançam o sucesso. Garanto que eu, pelo menos, sou mais persistente do que talentoso. Esse não é um traço que as pessoas têm ou não; é algo que conseguem – e devem – desenvolver. As crianças parecem mostrar essa qualidade inata, até que passam a ver – pela socialização, pelos pais ou por uma combinação dos dois – que não é assim que a maioria das pessoas age. Porém, essa qualidade é necessária para que qualquer sonho se torne realidade.

Seja você um vendedor ou uma pessoa pública, empregador ou empregado, deverá aprender a persistir em todos os tipos de situação. É como se esse planeta tivesse algum tipo de força ou tendência natural – quase como a gravidade – que desafia a habilidade das pessoas de persistir. É como se o universo tentasse descobrir sua essência conforme continua a confrontá-lo. Sei que qualquer empreitada que começar vai exigir que eu persista com ações 10X até que toda a resistência caia por terra. Eu não tento eliminar a resistência; simplesmente vou em frente até que o caminho mude e minhas ideias sejam mantidas, em vez de descartadas. Por exemplo, havia uma pessoa que me importunava no *Facebook*, da qual eu tentei ganhar apoio, mas não consegui. Em vez de deletá-lo, perguntei aos meus seguidores o que eles achavam da situação e fiz com que eles acabassem com o cara e me apoiassem. Se algo não me dá apoio, simplesmente persisto com tanto sucesso que qualquer resistência que sobrar vai deixar de existir.

A persistência é uma grande vantagem para qualquer um que queira multiplicar o sucesso – porque a maior parte das outras pessoas já desistiu da sua inata capacidade de persistir. Quando você se esforça e faz o necessário para garantir que esteja na sua melhor posição mental, emocional e financeira para perseverar, vai figurar na lista dos que mais têm sucesso.

7. Arrisque-se

Quando estava em Las Vegas, um homem me disse: "Esses cassinos sempre ganham dinheiro porque as pessoas que jogam nunca se arriscam em níveis suficientes para limpar o dinheiro deles". Não estou sugerindo que você tente levar um cassino à falência. Porém, a observação do homem me lembrou que muitos de nós aprendemos a ter cautela, sermos conservadores e nunca, de fato, "entrarmos de cabeça". A vida não é tão diferente assim de Vegas. Você precisa investir alguma coisa para obter um retorno. Em algum momento vai precisar se arriscar, e os que têm sucesso querem fazer isso diariamente. Nos cassinos grandes da vida e dos negócios, você realmente se arrisca para gerar o sucesso que quer e precisa? A maioria das pessoas nunca se empenha em ser reconhecido, chamar atenção e ganhar destaque. Elas tentam proteger ou conservar uma reputação, uma posição ou um estado já alcançado. Os de sucesso querem se arriscar – aqui e agora, independentemente do resultado, já que podem voltar atrás e tentar novamente. Eles se permitem ser criticados, observados e vistos pelo mundo – enquanto os que não têm sucesso ficam com o pé atrás e agem com cautela. Lembre-se do velho ditado: "Quem não arrisca, não petisca". Nesse momento, é importante que seus amigos e parentes apoiem que você se arrisque, e não aconselhem que você vá com calma.

8. Não seja razoável

Não, não está escrito errado. Realmente diz: "não seja razoável". No meu livro *Sell to Survive* (ainda não publicado no Brasil), introduzi a noção de que o vendedor de sucesso não deve ser razoável com seu cliente para que a venda se concretize. Isso, com certeza, vai contra o que aprendemos – ou seja, ser razoável e lógico. Não ser razoável requer ações que não sejam consideradas racionalmente e nem estejam de acordo com realidades práticas. E, sim – é isso que quero que você faça! Quando as pessoas veem essa definição, ficam confusas e pensam que estou aconselhando que fiquem loucas. Mas pessoas de sucesso reconhecem como é vital agir sem razão. Sabem que não podem agir de acordo com as realidades do senso comum. Se fizerem isso, o suposto "impossível" nunca será possível para eles. Ser um ator 10X requer pensar e agir sem ser razoável. Senão, você acaba como todos os outros – forçado a sobreviver à custa daqueles que têm sucesso. Não ser razoável não significa ser mentalmente instável – e, sinceramente, quem é completamente normal? –, mas sim que você se recusa a validar a "sanidade" de ações razoáveis que nunca vão lhe dar o que você quer. A maior parte do mundo está de acordo com algumas regras estúpidas, inúteis e razoáveis que só garantem que você continue sendo empurrado como um mero escravo. Pense um instante: teríamos carros, aviões, viagem espacial, telefones e internet – além de muitas outras coisas que não valorizamos – se alguém não tivesse feito algo que outra pessoa considerasse "não razoável"? O homem não faria nada de excepcional se não fosse pela vontade de não ser razoável. Então, junte-se a eles. Costumam ser os que fazem a diferença no nosso mundo.

9. Seja perigoso

Desde que você era criança, alguém tentou mantê-lo longe do perigo. "Tome cuidado" é o mantra que os pais repetem às suas crianças enquanto compram produtos de indústrias inteiras que foram criadas justamente para manter uma casa "segura" para protegê-las. Infelizmente, muitas pessoas chegam ao ponto de quererem tanto evitar o perigo que param de viver de fato! Se você olhar para trás, verá que causou a si mesmo tanto – ou até mais – perigo por ser mais "cauteloso" do que perigoso. Pense na última vez em que se machucou. Você provavelmente estava tentando se proteger de alguma coisa antes que ela acontecesse. Ter cuidado requer que você aja com cautela – e não é possível que você algum dia alcance 10X mais níveis de atividade sendo cauteloso. A ação potencializada requer que você deixe o cuidado de lado, mesmo que fique na rota do perigo. Trabalhar com pessoas poderosas é perigoso de qualquer forma. Quer que um bilionário invista dólares em você? Um salário que renda um milhão de dólares por ano? Tornar sua empresa pública? Se a resposta for sim, deve estar preparado para ser perigoso, porque as expectativas serão maiores em cada uma dessas situações. Para fazer algo grande, precisamos abraçar o perigo. A maneira para assegurar que o perigo não vai matá-lo é ser suficientemente treinado para entrar no fogo cruzado e sair vitorioso.

10. Gere riqueza

A atitude em relação à riqueza é um aspecto que diferencia bem os que têm sucesso financeiro dos que não têm. Os pobres acreditam que precisam trabalhar para ganhar dinheiro e passam suas vidas gastando com nada importante ou economizando como loucos para proteger-se. Os que têm muito sucesso sabem que o dinheiro já existe. Eles pensam em termos de gerar riqueza por meio da troca de ideias, produtos, serviços e soluções. Os que têm muito sucesso percebem que não são limitados por faltas. Sabem que o dinheiro existe em abundância e flui para aqueles que criam produtos, serviços e soluções – e que a riqueza não se limita à área financeira. Quanto mais perto você está de grandes fluxos de dinheiro, mais chances têm de gerar riqueza para seus empreendimentos.

Pense em termos de gerar dinheiro e riqueza, não em salários e economia. Descubra como gerar riqueza por meio da troca de grandes ideias, serviço de qualidade e efetivamente resolvendo problemas. Veja, por exemplo, o comportamento dos grandes bancos. Eles guardam moeda fazendo com que outras pessoas deem dinheiro a eles ou que peguem emprestado. Pense em como as pessoas ricas possuem propriedades que outras pagam para alugar. Elas produzem dinheiro somente por possuir essa propriedade e, assim, geram riqueza. Pessoas que investem em suas próprias empresas fazem isso para aumentar sua riqueza, e não suas rendas. Os que não têm sucesso, por sua vez, gastam dinheiro em coisas que indivíduos ricos utilizam para gerar a riqueza. A renda tem impostos; a riqueza, não. Lembre-se: você não precisa "fazer" dinheiro. Ele já está feito. Não existe a falta do dinheiro de fato – somente falta de pessoas que geram riqueza. Não foque sua atenção em guardar dinheiro, mas em gerar riqueza. E assim você pensará como as pessoas de sucesso.

11. Aja rapidamente

Este livro trata exatamente disso (espero que esteja claro a essa altura). As pessoas de muito sucesso realizam incríveis quantidades de ação. Independentemente de como seja essa ação, essas pessoas raramente ficam sem fazer nada – mesmo quando estão de férias (pergunte aos seus cônjuges e parentes!). Seja fazendo com que os outros ajam por eles, chamando a atenção para os seus produtos ou ideias ou falando sobre eles dia e noite, o sucesso consistentemente exigiu altos níveis de ação – antes de ouvirem falar nos seus nomes. Os que não têm sucesso falam de um plano de ação, mas nunca de fato começam a fazer o que disseram que fariam – pelo menos não o suficiente para conseguir o que queriam. Pessoas de sucesso acreditam que suas conquistas futuras dependem de investimentos em ações que talvez não deem resultado hoje, mas que, quando são consistentes e persistentes, darão resultados em breve.

A ação potencializada é a única coisa que depende somente de mim, mesmo que seja um momento difícil. Sua capacidade de agir será um fator importantíssimo para determinar seu potencial de sucesso – e é uma disciplina na qual você deveria se aprimorar diariamente. Não é um dom ou traço que eu tive "sorte" de receber ou herdar. É um hábito que deve ser desenvolvido. Preguiça e falta de ação são questões éticas para mim. Eu não considero certo nem aceitável que eu seja preguiçoso. Não é uma "falha de caráter" causada por alguma doença inventada, assim como uma pessoa altamente ativa não é "abençoada". Ninguém nasce mais pronto para correr uma maratona, assim como algumas pessoas não nascem para agirem mais do que as outras. A ação é necessária para gerar o sucesso, e pode ser a única qualidade que o capacita a entrar no rol das pessoas de sucesso. Não importa quem você seja ou o que tenha feito na vida, você pode desenvolver esse hábito para incrementar seu sucesso.

12. Sempre diga "Sim"

Para de fato entrar de cabeça na vida e nos negócios, você tem de dizer "sim" a tudo. É algo que as pessoas de sucesso fazem continuamente – não porque podem, mas porque optam por dizer "sim". Elas se comprometem de verdade e percebem que a palavra "sim" tem mais vida e possibilidades – e é claramente muito mais positiva do que a palavra "não". Quando um cliente me pede alguma coisa, eu digo: "Sim, com certeza/adoraria/quero que tudo dê certo". Eu tenho um lema: "Nunca digo não, até que seja necessário". É uma ótima maneira de dizer não (isto é, se for absolutamente necessário). Quando você tem a opção de fazer ou não algo, sempre diga sim! A vida deve ser vivida – o que se torna impossível quando você sempre diz não. Embora muitos sugiram que seja importante saber recusar certas coisas, a verdade é que a maioria das pessoas não se aventura e não vive a vida o suficiente. Elas se recusam a começar novas coisas e experiências com a frequência que deveriam. Você sabe que tem um "não" automático pronto para ser usado – apoiado por 100 motivos pelos quais você não pode, não deve ou não tem tempo para fazer algo. Faça uma tentativa: diga "sim" por enquanto, até que você tenha tanto sucesso que seja forçado a adicionar o "não" ao seu arsenal, e comece a gerenciar seu tempo e esforços. Até lá, faça do "sim" parte dos seus hábitos. Diga "sim" aos seus filhos, cônjuge, clientes, chefe e, mais importante, a si mesmo. Isso vai levá-lo a vivenciar novas aventuras, novas soluções e novos níveis de sucesso.

13. Comprometa-se sempre

Pessoas de sucesso se comprometem completamente com as atividades – e algumas requerem total dedicação. Nesse caso, voltamos ao conceito de "ir com tudo", descrito anteriormente. Também se relaciona à ação com algum nível de perigo e falta de cautela. Pessoas que não atingem o sucesso raramente se comprometem inteiramente com alguma coisa. Elas sempre falam em "tentar" e, quando se comprometem, normalmente é com atos e hábitos destrutivos. O comprometimento é uma das coisas que está em falta. Muitas pessoas e organizações não conseguem se comprometer com suas atividades, deveres, obrigações e responsabilidades para concluir as atividades. Para ter sucesso, é importante que você pare de testar a temperatura da água e simplesmente mergulhe! Dedicar-se completamente a alguma coisa significa que não há como voltar atrás. É como quando você decide pular na água; depois de ter tomado a decisão, não é possível parar no meio do caminho.

Eu prefiro uma pessoa que consiga se comprometer em vez de outra que tenha alto nível de escolaridade. Comprometimento é sinal de que a pessoa está se doando completamente a uma posição, questão ou ação. Pessoas de sucesso veem além dos problemas e conseguem manter o foco na promessa que fizeram a si mesmos e aos outros. Elas mantêm o foco no resultado ou na ação o tempo todo. Quando eu me comprometo a alcançar o sucesso para mim, minha família, um projeto ou minha empresa, significa que farei o que for preciso para fazer desse sonho realidade, e realizar meu objetivo. O comprometimento não é algo que aceita desculpas, nem algo com que se possa negociar ou desistir. Comprometa-se completamente, como se você já tivesse muito sucesso, e demonstre comprometimento a todos aqueles com – e para quem – você trabalha.

14. Vá com tudo

Como dizem no AA: "Medidas pela metade não nos levam a lugar algum". Para os membros, isso significa que é impossível ficar sóbrio se beber – mesmo que seja um pouco. No mundo do sucesso e das conquistas, medidas pela metade não levam a lugar nenhum em termos de resultados – e deixam as pessoas exaustas por tentarem. É por isso que a maioria das pessoas se refere ao trabalho como se fosse uma doença. Somente aqueles que vão com tudo e enxergam as coisas sendo concluídas vivenciam as recompensas que o trabalho tem a oferecer. Até que uma ação seja transformada em sucesso, não está completa. Até que você faça do cliente em potencial um cliente de fato, ou um potencial investidor em investidor, não chegou até o fim. Pode parecer duro, mas se você ligasse para um cliente 50 vezes e não fechasse o negócio, então talvez fosse melhor nem ter ligado para essa pessoa. É nesse ponto que as pessoas se tornam razoáveis e, assim, não alcançam o sucesso. Comprometa-se a não ser razoável e ir até o fim. Não aceite desculpas! Não é permitido se acomodar!

15. Foque no "agora"

Só existem dois momentos para os que têm sucesso: o agora e o futuro. Os que não têm sucesso passam a maior parte do tempo no passado e veem o futuro como uma oportunidade para procrastinar. O "agora" é o período que as pessoas de sucesso mais usam para criar os futuros que desejam para dominar seus ambientes. Você não pode fazer o que as pessoas sem sucesso fazem, ou seja, usar qualquer desculpa que possa inventar para adiar as tarefas que deveria fazer imediatamente. Em vez disso, deve ter disciplina, memória e conquistas que resultem das ações potencializadas – enquanto os outros pensam, planejam e procrastinam. Agir imediatamente permite que os que mais têm sucesso programem o futuro que desejam. As pessoas de sucesso entendem que precisam continuar agindo agora. Eles têm consciência de que a procrastinação é a maior fraqueza.

A Regra 10X requer que você aja em quantidades potencializadas e imediatamente. Qualquer um que adie o que deveria fazer no momento nunca ganha confiança, que resultaria da ação. Por exemplo, uma vez disse à equipe que queria que cada um deles – mesmo os que estivessem em posições administrativas – fizesse 50 ligações. Imediatamente, vi sinais de pânico pelos rostos, como se fosse uma tarefa impossível, ainda mais com tudo o que tinham a fazer. Então, eu disse: "Cada um de vocês tem 30 minutos para fazer as ligações – comecem!". Fui para o meu escritório e fiz 28 ligações em 22 minutos.

Você não pode permitir nem um segundo de preocupação ou análise que o atrase em situações desse tipo – cada segundo que passa pensando é um segundo perdido no qual poderia estar agindo! Você vai se surpreender com quanto pode fazer quando para de pensar, calcular e procrastinar e simplesmente vai em frente e faz da ação imediata um hábito. Embora com isso você possa se sentir reagindo constantemente – levando-o à espontaneidade –, também faz da ação um hábito. A ação é necessária – e não há tempo mais valioso do que o agora. Enquanto os outros tentam descobrir como fazer alguma coisa, você já deve ter terminado. A pessoa que continua a fazer mais consistentemente vai melhorar sua habilidade de sobreviver e se ajustar. Tenha a disciplina de agir agora – não depois –, e garanto que o volume de empreendimentos que você assume rapidamente vai aumentar a qualidade do seu trabalho – e levá-lo a ir em frente com mais convicção e certeza.

16. Demonstre coragem

A coragem é aquela qualidade da mente ou do espírito que leva as pessoas a enfrentarem situações perigosas, apesar do medo. É raro que elas se sintam ou sejam vistas como corajosas antes do evento que as leva a agir dessa forma. Pelo contrário, são vistas como resultado de agirem independentemente de seus medos. Soldados e heróis nunca se chamam de corajosos antes de lutarem duras batalhas. Para eles, estão fazendo só o necessário naquele momento.

Você vai notar com frequência que pessoas de sucesso andam com um ar de confiança e convicção, uma sensação de conforto e talvez até um toque de arrogância. Antes que comece a pensar que eles são, de fato, "diferentes", deve entender que adquiriram essas qualidades depois de muita ação. Se você consegue fazer frequentemente coisas que o assustam, os outros passam a tachá-lo de corajoso – e passam a gravitar na sua direção. A coragem vem para aqueles que agem, e não para os que pensam, esperam e imaginam. A única maneira de adquirir esse traço é agindo. Embora possa treinar para melhorar suas habilidades e confiança, a coragem só se alcança fazendo – especialmente fazendo coisas que você teme. Quem quer fazer negócios ou apoiar alguém que de pronto já se rende aos medos? Quem quer investir em um projeto quando as pessoas por trás dele não agem com confiança e coragem?

Recentemente, fui entrevistado por alguém que me perguntou: "Nada o amedronta?". A pergunta me surpreendeu, porque eu sei que já vivenciei o medo. Acho que devo aparentar não ter medo, pois realizo ações de nível quatro – e você com certeza pode fazer o mesmo. Ataque, domine e mantenha o foco no futuro. Depois, continue repetindo suas ações – e sua coragem irá crescer. Faça coisas que o assustam com mais frequência, e aos poucos elas não vão assustá-lo tanto assim – até que se tornem tão comuns que você nem vai se lembrar por que tinha medo delas antes.

17. Abrace as mudanças

Pessoas de sucesso amam mudanças, enquanto as que não o têm fazem de tudo para manter as coisas como estão. Mas como é possível gerar sucesso quando se tenta evitar que as coisas mudem? É impossível. Embora você nunca queira mudar as coisas que estão dando certo, deve sempre procurar formas de melhorar o que está fazendo. As pessoas de sucesso ficam de olho no que está por vir. Procuram o potencial, possíveis transformações no mercado e abraçam a ideia em vez de rejeitá-la. Eles veem como o mundo está mudando e aplicam isso a maneiras de melhorar suas operações e ter mais vantagem. Eles nunca subsistem dos sucessos de ontem. Sabem que devem continuar a se adaptar ou não continuam vitoriosos. A mudança não é algo a se resistir; é algo que deve ser mantido. Steve Jobs é um grande exemplo disso.

Ele mudava os produtos antes que a concorrência pudesse alcançá-lo ou que seus consumidores ficassem cansados. A vontade de aceitar a mudança é uma excelente qualidade dos que têm sucesso.

18. Determine e faça a abordagem certa

As pessoas de sucesso sabem que podem quantificar o que funciona ou não, enquanto os que não o têm só focam no "trabalho duro". A abordagem certa pode ser importante para instituir um programa de relações públicas que entenda o mercado, fornecer a ferramenta correta aos clientes ou convencer a gerência a fazer os contatos mais poderosos, encontrar os melhores investidores ou contratar funcionários bem qualificados. Qualquer que seja o método, pessoas de sucesso não pensam em termos de trabalho difícil (embora estejam claramente dispostos a trabalhar duro). Pelo contrário, descobrem como trabalhar de forma "inteligente" e lidar com a situação encontrando e utilizando a abordagem certa até que obtenham sucesso. Aqueles que não têm sucesso acham o trabalho difícil, pois não encontram tempo para melhorar sua abordagem e facilitar o processo. Os primeiros três anos da minha vida de vendedor foram de trabalho duro e me trouxeram no máximo resultados esporádicos. Depois, investi dois anos e milhares de dólares para melhorar minha abordagem – e vender não era mais visto como "trabalho"!

Pessoas de sucesso investem tempo, energia e dinheiro para se aprimorarem. Como resultado, não focam na dificuldade do trabalho, mas na recompensa dos resultados! Quando você está ganhando porque aprimorou sua abordagem, não parece que é trabalho; a sensação é de sucesso. E não há nada melhor do que a vitória do sucesso.

19. Vá além das ideias tradicionais

Pessoas de sucesso vão além do conceito de mudança e colocam à prova o pensamento tradicional. Analise organizações como *Google*, *Apple* e *Facebook*, e verá empresas que desafiam as tradições e criam novas formas de fazer as coisas. Elas quebram os paradigmas daquilo que já está funcionando para chegar a um lugar melhor. As pessoas que mais têm sucesso procuram criar tradições, e não seguir as já existentes. Não seja um prisioneiro dos pensamentos criados por outros. Descubra maneiras de ter vantagem, de deixar os outros para trás em relação ao pensamento tradicional.

As pessoas de sucesso são chamadas de "líderes pensadores", que criam o futuro com o pensamento para frente. Construí minha primeira empresa com o intuito de romper com ideias tradicionais que uma indústria há tempos usufruía, mostrando uma nova maneira de lidar com os clientes. Indivíduos com muito sucesso não se preocupam com a forma como as coisas "foram feitas"; interessam-se em descobrir maneiras novas e melhores. Analisam porque os automóveis, aviões, jornais e casas mudaram tão pouco com o passar dos últimos 50 anos, e tentam definir maneiras de criar novos mercados. Uma dica: essas pessoas também conseguem manter a estrutura atual de suas empresas enquanto disputam conceitos convencionais e trazem novos produtos ao mercado. Elas não defendem a mudança pela mudança; fazem isso para criar produtos superiores, assim como relacionamentos e ambientes. Os que têm sucesso querem desafiar a tradição para descobrir novas e melhores formas de conquistar seus objetivos e sonhos.

20. Seja orientado pelas metas

Uma meta é um objetivo desejável – tipicamente algo a ser alcançado – que uma pessoa ou empresa precisa para progredir. Pessoas de sucesso são altamente orientadas por metas e sempre prestam mais atenção nela do que no problema. Elas também conseguem fazer milagres por causa do seu comprometimento e foco no objetivo. Muitos colegas passam mais tempo planejando o que vão comprar no supermercado do que estabelecendo as metas mais importantes da vida. Se você não focar nas metas, vai passar a vida alcançando os objetivos dos outros – especialmente daqueles que são orientados por eles. Os objetivos são extremamente importantes para mim. Começo e termino todos os dias escrevendo-os e revisando-os. Sempre que me deparo com um fracasso ou desafio, pego o bloquinho e escrevo novamente minhas metas. Isso me ajuda a focar a atenção aonde quero chegar e nos objetivos que pretendo atingir – em vez de ficar me remoendo na dificuldade do momento. A capacidade de ficar focado no objetivo e manter sua atenção na conquista dele são vitais para o sucesso. Embora eu tente focar no presente, tento manter a maior parte da minha atenção no cenário macro, em vez de pensar somente na tarefa que estou realizando no momento.

21. Esteja em uma missão

Enquanto os que não têm sucesso passam suas vidas pensando em ter um emprego, os que o têm veem suas atividades como se fossem missões religiosas – não como trabalho, ou simplesmente um "emprego". Funcionários, empregadores, empreendedores de sucesso e aqueles que mudam o mercado consideram suas atividades diárias como mais do que uma missão importante que pode mudar as coisas de forma significativa. Eles sempre pensam no cenário maior e focam em algum alvo potencial para alcançar. Se você não começar a enxergar seu trabalho como uma missão, ele será sempre reduzido a "somente um trabalho". Você deve começar cada atividade com a atitude de que este empreendimento pode mudar o mundo para sempre. Em cada telefonema, e-mail, visita, reunião, apresentação e dia que passar no escritório, não aja como se fosse um emprego, mas como uma ação pela qual você será conhecido para sempre. Até que tome essa atitude, ficará para sempre preso a um emprego – e provavelmente um não muito recompensador.

22. Tenha um alto nível de motivação

A motivação refere-se ao ato ou estado de ser estimulado a agir. Para ter sucesso, é importante ser estimulado, motivado e levado a alguma ação, ou ações. Embora a definição de motivação sugira que exista uma razão por trás da ação, o estudo das pessoas de sucesso também demonstra que seus altos níveis de atividade são alimentados por serem focados em um objetivo e motivados por uma missão. Quem não alcança o sucesso demonstra baixos níveis de motivação, distração e falta de clareza ou propósito. A alta motivação é obviamente importante para ações 10X e a persistência. Esse não é o tipo de entusiasmo que dura por algumas horas, um dia ou uma semana. Baseia-se no que você faz todos os dias para se estimular a agir e inspirar-se a continuar. Pessoas de muito sucesso estão sempre buscando motivos para sentirem-se provocadas a elevarem os níveis de sucesso. Pode ser por isso que elas nunca estão satisfeitas. Enquanto continuam sendo impulsionadas por novos motivos para ir em frente, alcançam esses novos objetivos e, em seguida, regeneram-se para o próximo passo. São constantemente estimuladas a atingirem níveis mais altos de ação e conquistas. Ouço muito uma pergunta nos meus seminários: "Como você se mantém motivado?". A resposta? Eu crio novos motivos para continuar. Os que não têm sucesso sempre dizem: "Se eu tivesse o que [fulano] tem, estaria aposentado". Mas eu não acredito nisso. Primeiro, eles não sabem se isso é verdade, já que não podem saber como responderiam ao sucesso. É possível – e muito provável – que o sucesso que gerariam também consistiria de responsabilidades e obrigações para continuar a produzir e, assim, manter tudo funcionando. A motivação deve vir de dentro. Não posso motivá-lo e você não pode motivar outra pessoa. Pode encorajar, desafiar e inspirar, mas a real motivação – o motivo pelo qual se faz qualquer coisa – deve vir de dentro. Minha forma de fazer isso é estabelecer metas diárias, mantendo-me animado. Observo o que parece estar fora do meu alcance – não somente coisas materiais, mas conquistas e realizações alheias – para manter o foco nas possibilidades. Tudo o que você fizer para manter-se altamente motivado será importante para o seu comprometimento 10X.

23. O que interessa são os resultados

Pessoas de sucesso não valorizam o esforço, trabalho ou tempo gasto em uma atividade; valorizam os resultados. Os que não têm sucesso dão muita importância ao tempo que passam trabalhando e suas tentativas de atingir resultados – mesmo se nada acontecer. A diferença aqui está ligada ao conceito da falta de razão. Sejamos honestos: gostando ou não, o que importa são os resultados. Se você "tentar" levar o lixo para fora, mas só chegar até o *hall* principal, ele continuará a ser acumulado na sua casa – e você terá um problema. Até que fique completamente focado em só obter resultados, terá dificuldades em realizar seu desejo. Pare de se vangloriar só por tentar e guarde os parabéns para a realização de fato. Motive-se para que ninguém mais tenha de fazê-lo. Seja duro consigo mesmo e nunca descanse até conseguir os resultados. Resultados (e não esforços) – independentemente dos desafios, resistência e problemas – são o objetivo primeiro das pessoas de sucesso.

24. Tenha objetivos e sonhos grandes

Pessoas de sucesso sonham alto e têm objetivos imensos. Não são realistas. Deixam isso para as massas, que lutam pelos restos. A segunda questão da Regra 10X é: seus objetivos e sonhos são grandes? A classe média aprende a ser realista, enquanto os que têm sucesso pensam no quanto podem se espalhar. O maior arrependimento da minha vida é que, inicialmente, eu estabelecia metas e objetivos com base no que era realista, em vez de pensar no gigante, no radical. O "pensamento grande" muda o mundo. É o que faz o *Facebook, Twitter, Google* – ou o que vier depois disso. O pensamento realista, objetivos pequenos e sonhos simples não vão lhe dar motivação – e vão deixá-lo bem no meio das massas, competindo. Sonhe alto, pense grande e depois descubra como crescer mais ainda! Leia muito sobre conquistas de grandes figuras e empresas. Fique ao redor de tudo que possa inspirá-lo a pensar grande, agir grande e atingir o máximo do seu potencial.

25. Crie sua própria realidade

As pessoas de sucesso são como os mágicos: não fazem negócios nas realidades das outras pessoas. Em vez disso, criam uma nova realidade para si próprias, diferente daquela que os outros aceitam. Não estão interessadas no que os outros consideram possível ou impossível. Só se preocupam em produzir as coisas que sonham ser possíveis. Nunca acreditam na ideia de lidar com as crenças e diretrizes alheias, e não se submetem à "realidade" comum. Querem criar o que quiserem, e não consideram – e até não gostam – do pensamento da massa. Pesquise e veja que aqueles que alcançaram o sucesso criaram uma realidade que não existia anteriormente. Seja um vendedor, um atleta, um artista, um político ou um inventor, a grandiosidade é alcançada somente por aqueles que não pensam em ser práticos, mas são obcecados com a ideia de criar a realidade que desejam. A próxima realidade de como as coisas serão, ou podem ser, está tão distante quanto a próxima pessoa que pode criá-la.

26. Comprometa-se primeiro – dê um jeito depois

À primeira vista, esse pode ser um traço pouco desejado – e até perigoso – dos que tem muito sucesso. Porém, é muito menos perigoso do que a alternativa praticada pelos que não têm sucesso. A maioria das pessoas pensa que têm de saber tudo antes de se comprometer com alguma coisa; porém, parece que nunca conseguem fazer isso. Mesmo quando conseguem e estão prontos para se comprometer, normalmente descobrem que a oportunidade não existe mais ou que outra pessoa já a abraçou. Comprometer-se significa, primeiramente, aceitar 100% do que quer que seja que esteja se comprometendo a fazer antes de saber os detalhes. É isso que faz com que as empresas pequenas e empreendedores loucos superem a concorrência maior e mais rica. As grandes empresas de ontem tornam-se tão poderosas e têm tantas pessoas na gerência que a equipe passa muito tempo em reuniões – o que faz com que se tornem cautelosas e incapazes de puxar o gatilho como faziam quando se arriscavam e cresciam. Embora possa ser arriscado se comprometer antes de saber a história toda, acredito que a criatividade e a resolução de problemas são estimuladas somente depois que a pessoa se compromete. Embora a preparação e o treinamento sejam essenciais, os desafios do mercado requerem que você aja antes de determinar como fazer tudo dar certo. Não necessariamente os mais inteligentes ganham o jogo da vida, mas sim aqueles que sabem se comprometer mais apaixonadamente pela sua causa.

27. Seja muito ético

Isso pode gerar confusão para muitas pessoas – principalmente quando veem outras que supostamente têm sucesso indo para a cadeia. Bem, até onde eu sei, não importa quanto sucesso você conquiste. Ir para a prisão é um ponto negativo imediato. Mesmo que não seja pego, ele, ou ela, é um criminoso – e assim incapaz de ter o sucesso real. Conheço pessoas que jamais mentiriam ou roubariam um centavo, e nem assim as considero éticas – porque também não se importam em serem provedores de segurança e modelos para suas famílias e amigos. Se você não vai trabalhar todos os dias – e faz tudo o que for possível para vencer –, então está roubando de sua família, do seu futuro e da empresa onde trabalha. Você fez acordos – implícitos ou não – com seu cônjuge, família, colegas, gerentes e clientes. Quanto mais sucesso você gera, mais pode cuidar desses acordos. Para mim, ser ético não significa ir de acordo com as regras da sociedade. Também acredito que ser ético requer que as pessoas façam o que disseram que iriam fazer – e façam isso de fato, até que atinjam os resultados esperados. Fazer um esforço sem resultado não é ético, pois é uma forma de mentir para si mesmo e não conseguir cumprir suas obrigações e compromissos. Tentar, desejar, rezar, esperar e querer não leva a lugar nenhum. Para mim, pessoas éticas atingem os resultados desejados e geram tanto sucesso para si próprias, suas famílias e sua empresa que podem superar qualquer tempestade e ter sucesso, independentemente da dificuldade.

Uma das experiências que mais me orgulha foi minha capacidade de superar dois anos em um ambiente econômico repleto de desafios, enquanto confrontava outros até mais sérios na minha vida – e ainda assim pude expandir minha empresa e apoiar minha família. Tudo que exclua prover sucesso em longo prazo significa colocar todos que fazem parte da sua vida – até você – em risco.

Não estou falando da ética da "caixa registradora", mas sim do conceito maior de usufruir suas capacidades e potencial, assim como seus compromissos, explícitos ou não. Simplesmente concordar em ser pai, marido, empreendedor ou dono do seu próprio negócio – ou qualquer outro papel – traz compromissos e acordos implícitos. Considero falta de ética não utilizar completamente seus dons, talentos e mente com os quais você foi abençoado. Só você pode decidir o que é ético para você. Porém, minha sugestão é que qualquer disparidade entre o que você sabe que pode fazer e o que você está conquistando é uma questão ética. Os que mais têm sucesso são levados pela obrigação ética e motivação para fazer algo significante, alinhado com seu potencial.

28. Fique interessado no grupo

Você só pode se dar tão bem quanto as pessoas que estão ao seu redor. Se todos ao seu redor estiverem doentes, desmotivados e lutando, então, cedo ou tarde, será afetado como os outros. Por exemplo, as pessoas estão brecando os governos municipais e estaduais porque muitas se preocuparam com suas próprias situações, sem considerar o impacto que teriam no grupo como um todo. Esse tipo de pensamento "primeiro eu", que não considera os outros, realmente sufoca o mesmo grupo do qual o indivíduo depende para sobreviver. Essa abordagem egoísta, mais tarde, faz com que a sobrevivência do grupo se torne impossível – e coloca em risco até o que foi prometido. Saúde e bem-estar para mais pessoas deveriam ser de suma importância para cada indivíduo – o que as pessoas de mais sucesso sabem. Você só alcança tanto sucesso quanto os indivíduos com quem você se envolve e aos quais se associa. Não importa qual seja sua posição – pode estar liderando um grupo ou fazer parte dele –, seu sucesso é limitado à habilidade daqueles ao seu redor.

Isso não significa que pessoas de sucesso não se preocupam com elas mesmas. Só percebem que precisam liberar energia e demonstrar interesse em seus associados porque sabem que, se não se saírem bem, até o mais rico será levado ao fundo do poço. Também é um pouco egoísta, de alguma maneira, preocupar-se com o que acontece com os outros. Você quer que todos do seu time estejam ganhando e melhorando, porque assim há vantagens para você também. Por isso, você sempre quer fazer o possível para elevar o time a níveis mais altos.

29. Seja dedicado ao aprendizado continuado

Os CEOs de sucesso devem ler uma média de 60 livros por ano e comparecer a, aproximadamente, seis conferências – enquanto o funcionário americano normal lê uma média de menos de um livro e tem a renda 319 vezes menor. Embora a mídia sempre discuta a disparidade entre os ricos e os pobres, normalmente não fala da quantidade de tempo e energia que os mais ricos passaram lendo, estudando e melhorando sua educação. As pessoas de sucesso arranjam tempo para convenções, simpósios e leitura. Sempre me beneficiei de algum livro, programa de áudio, *download*, *webinar* ou palestra – mesmo que eles não fossem bons. As pessoas mais bem-sucedidas que conheço leem tudo o que veem pela frente. Eles analisam um livro de US$ 30 como se tivesse o potencial de gerar um milhão de dólares. Veem cada oportunidade de serem treinados e educados como um investimento muito sólido e certeiro. Aqueles que não são bem-sucedidos, por outro lado, simplesmente se preocupam com o custo de um livro ou seminário, sem nem considerar os benefícios que poderiam resultar do investimento. Então, junte-se ao *ranking* dos bem-sucedidos que sabem que sua renda, riqueza, saúde e futuro dependem de sua capacidade de continuar procurando novas informações e nunca parar de aprender.

30. Fique desconfortável

Aqueles que tiveram sucesso estavam – em um ou outro momento da vida – dispostos a se colocar em situações desconfortáveis, enquanto os que não o obtiveram procuram o conforto em todas as suas decisões. As coisas mais importantes que fiz na vida não me deixaram confortáveis. Na verdade, muitas delas me deixaram atormentado. Fosse mudar para outra cidade, ligar para um cliente, conhecer novas pessoas, fazer uma apresentação ou me aventurar em novos setores, a maioria era desconfortável para mim até que me acostumasse com a ideia. É tentador se adequar e gostar do seu ambiente, dos rituais diários e hábitos – e a maioria deles provavelmente não o leva para frente. É bom quando as coisas são familiares. Porém, os bem-sucedidos estão dispostos a se colocar em situações novas e desconhecidas. Não significa que estejam sempre mudando só por mudar. Porém, sabem que se acomodar e relaxar demais faz com que a pessoa fique mais mole, perdendo a criatividade e a vontade de estar na frente. Então, esteja preparado para ficar desconfortável e faça o que deixa os outros desconfortáveis também. É um sinal de que você está no caminho certo para o sucesso.

31. "Eleve" seus relacionamentos

Se dependesse de mim, este seria um curso básico para todos os anos de vida escolar. Incluiria ferramentas pelas quais as pessoas seriam motivadas a fazer coisas que as deixassem desconfortáveis. Os bem-sucedidos sempre falam de estar por perto de pessoas mais inteligentes, brilhantes e criativas. Dificilmente você ouvirá um deles dizer: "Cheguei até aqui rodeado de pessoas exatamente como eu". Ainda assim, a pessoa comum normalmente passa seu tempo com pessoas que pensam como ela, ou até com outras que não têm nada a acrescentar em sua vida.

Faça com que "elevar" seus relacionamentos torne-se um hábito – relacionar-se com pessoas que tenham contatos melhores, tenham estudado mais e que sejam até mais bem-sucedidas. Esses indivíduos têm muito mais a compartilhar do que os que supostamente são "iguais" a você. Este hábito está ligado à vontade de mudar, desafiar o tradicional, crescer e fazer o que os outros não fazem. Eleve-se – não ande de lado, e nunca para baixo! Você deve basear suas decisões no que será o melhor investimento para ir em direção ao seu compromisso ético de gerar sucesso para si próprio, sua família e seu negócio. As pessoas com quem você convive têm muito a ver com o fato de atingir seus objetivos – ou não. Você não quer andar na horizontal. Quer subir – e isso pode ser feito ao se associar aos pensadores, sonhadores e jogadores maiores. Os faixa-preta não aprendem novas habilidades com os faixa-branca. Podem relembrar o básico, mas um faixa-branca não pode levar um faixa-preta a ser faixa-vermelha. E você não pode se tornar um jogador de golfe de primeira aprendendo a jogar com amadores. É preciso interagir com pessoas melhores do que você. É a única maneira de melhorar.

32. Seja disciplinado

Lembre-se: não estamos falando de dinheiro. Isso se refere a ter sucesso em todas as áreas da sua vida – e, para isso, você não pode deixar de lado essa coisa chamada disciplina. A disciplina é uma conduta prescrita e obrigatória, que vai lhe trazer o que você quer – e é uma exigência para atores 10X. Infelizmente, a disciplina da maioria das pessoas parece mais com maus hábitos, em vez de – reconhecidamente desconfortáveis – ações 10X que deveriam estar tomando continuamente.

A disciplina é utilizada para completar qualquer atividade até que este – independentemente do nível de desconforto – seja seu procedimento normal de operação. Para alcançar e manter o sucesso, é preciso determinar quais são os hábitos construtivos – e disciplinar a si mesmo e ao grupo (volte ao item 28) para fazer essas coisas várias vezes.

Se você descobrir que não tem todos esses traços e hábitos de sucesso que foram mencionados – ou perceber que tem a maioria ou alguns deles na maior parte do tempo, mas ocasionalmente os deixa de lado –, não se preocupe. Já esperava que a maioria das pessoas que lê este livro não possuísse todas essas qualidades o tempo todo. Tome consciência desta lista, mantenha-a próxima de você e comprometa-se a tornar essas técnicas parte de quem você é, em vez de serem somente algo que você "faz". Embora eu pessoalmente não opere na coluna do sucesso 100% do tempo, faço esforços para garantir que passo a maior parte do tempo fazendo o que fazem os bem-sucedidos.

Nenhum dos itens desta lista traz uma qualidade sobre-humana. Todas são possíveis. Não use somente uma ou duas técnicas. Comece a pensar e atuar com elas, e assim vão se tornar parte de você. Use todas elas.

Exercício

Sem olhar, cite cinco traços das pessoas de sucesso e seus parceiros.

O que você faz melhor atualmente?

No que você precisa trabalhar?

23

COMEÇANDO COM A REGRA 10X

Então, como é possível começar com tudo isso? Que tipos de desafios eu posso encontrar pelo caminho? E como fazer das ações 10X uma disciplina de fato persistente? Tudo o que você precisa fazer é analisar aquela lista com as ações das pessoas bem-sucedidas para determinar suas ações. Quando começar? Bem, lembre-se: só existem dois momentos para as pessoas de sucesso. Você quer focar um pouco no agora, mas manter mais atenção no futuro que deseja criar. Certamente não pode começar no ontem e, se quiser esperar até amanhã, não terá sucesso porque violará um importante princípio dos bem-sucedidos: aja agora e, depois, continue agindo com o conhecimento que as atividades de agora geram para o futuro. Quando pessoas bem-sucedidas se tornam preguiçosas, somam tempo a suas decisões. Neste ponto, provavelmente estão mais preocupadas em proteger o que possuem do que em gerar novos níveis sucesso. E manter o sucesso, ou saber o que fazer com ele, não é o tema deste livro!

Escrevi-o aos 52 anos de idade, e atualmente já gerei sucesso suficiente para mim, só para ter apetite por mais. Eu realmente acredito que ainda preciso aprimorar minhas habilidades e capacidade. Não quero o sucesso só pelo jogo ou pelo dinheiro, mas, principalmente, porque realmente considero uma obrigação ética utilizar meu potencial. O que quer que o motive – ou quem quer que o motive – deve ser buscado. E pare de ser razoável consigo mesmo. Estou vivenciando um grande crescimento pessoal e profissional enquanto escrevo – tudo isso enquanto melhoro meus desejos familiares e filantrópicos. Todos na minha organização, e até meus clientes, podem dizer que, quando quero alguma coisa, sempre ajo agora com uma crença não razoável de fazer o que quer que seja necessário para atingir meus objetivos. Não sou organizador, um ótimo planejador ou gerente. Percebo que agir sem adicionar tempo, reuniões e análises longas é tanto bom quanto mau. As pessoas que me conhecem provavelmente também diriam que, quando embarco em um projeto – seja escrever um novo livro, criar um novo seminário, desenvolver um novo produto, começar a fazer exercícios, melhorar meu casamento ou passar um tempo com minha filha –, vou sempre em frente completamente. Vou com tudo, completamente comprometido, como um cão faminto correndo atrás de um caminhão de carne. Eu me conheço muito bem. Quando me envolvo com alguma coisa, ajo de maneira não razoável com as ações com as quais me comprometo até que alcance os resultados esperados. Não arranjo desculpas para mim, nem deixo que os outros o façam.

Agora significa agora – nem um minuto depois. Comece do princípio: faça sua primeira lista de objetivos, depois uma lista de ações que o levem nessa direção. Então – sem pensar demais –, comece a agir. Algumas coisas para ter em mente quando começar:

1. não reduza seus objetivos conforme os escreve;
2. não se perca nos detalhes sobre como alcançá-los neste ponto;
3. pergunte a si mesmo: "Que ações posso realizar hoje para me aproximar dessas metas?";
4. realize qualquer ação que vier à mente – independentemente de quais sejam e de como você se sente;

5. não valorize prematuramente o resultado de suas ações; e
6. revise essa lista diariamente.

Conforme você inicia o caminho 10X, pode se sentir um pouco exausto. E até notar uma tendência de tentar se convencer a parar. Não fique tentado a esperar. Você sabe que isso não dá certo. Pense que você é como um carro preso na lama: precisa de tração para mover um centímetro, e depois começa a sair. Pode ser que você se suje – mas certamente é melhor do que ficar preso.

Como já mencionei, é preciso ter cuidado com os amigos e parentes que oferecem supostos "conselhos" porque amam e se preocupam com você. Muitos deles sugerem que não querem que você seja irrealista para depois ficar decepcionado. O vocabulário e o pensamento das pessoas comuns, mesmo daquelas que você ama, é sempre o mesmo: tome cuidado, tenha cautela, não seja impossível, o sucesso não é tudo, esteja satisfeito com o que você tem, a vida deve ser vivida, o dinheiro não traz felicidade, não queira tanto, vá com calma, você não tem experiência, você é muito jovem, você é muito velho, e assim por diante. Ao escutar o que as pessoas comuns têm a dizer e pensar, agradeça o conselho. Depois, diga que quer seu apoio para ir em frente, e informe-os que prefere se comprometer com seus sonhos e objetivos e se decepcionar do que nunca se comprometer e, ainda assim, decepcionar-se.

Deixe-me dar um exemplo real do uso da técnica 10X que aconteceu comigo enquanto escrevia este livro. Você vai ver, ao ler as próximas linhas, como pude empregar muitos dos hábitos e traços dos bem-sucedidos para atingir os objetivos que estabeleci para mim mesmo – e até ir além do que tinha imaginado inicialmente. Pouco antes de escrever meu último livro, *If You're Not First, You're Last*, percebi que, embora eu estivesse agindo de forma potencializada na vida, ainda tinha de pensar realmente com a magnitude 10X. Então, decidi testar minha Regra 10X conforme escrevia este livro. Enquanto estruturava minhas metas para que se adaptassem ao pensamento 10X, percebi que um dos meus objetivos era ser o sinônimo de treinamento de vendas. Queria ser a pessoa em quem todos pensassem primeiro quando considerassem o treinamento de vendas, motivação e estratégias – qualquer coisa relacionada a vendas. Este era o conceito de dominação que eu tinha em mente enquanto escrevia *If You're Not First, You're Last*. Eu tinha meu novo e considerável objetivo estabelecido – mas sem a menor ideia de como alcançá-lo. Eu sei, porém, que se tivesse parado para pensar em "como" fazer isso, nunca teria começado. Provavelmente teria decidido que era impossível.

Após ter esclarecido a meta correta e evitado me cansar com tecnicalidades e "comos", permiti a mim mesmo a meta de determinar que ações seriam mais consistentes com essa meta. Parecia que um objetivo grande o suficiente automaticamente me levaria na direção das ações corretas. Um truque que usei foi me perguntar coisas ligadas à qualidade, como: "O que devo fazer para me tornar o nome no qual as pessoas pensam quando falam de vendas?". Imediatamente comecei a escrever respostas e ideias: (a) fazer com que 6 bilhões de pessoas saibam quem eu sou; (b) ir a um programa de TV; (c) ir a um programa de rádio; (d) colocar meus livros em todas as livrarias e bibliotecas; (e) ir aos maiores *talk shows* e jornais; (f) fazer do livro *If You're Not First, You're Last* um *best-seller* do *New York Times*; (g) alavancar utilizando as redes sociais para que as pessoas do mundo todo conheçam meu nome. Novamente, não sabia nada disso naquele momento – nem quis descobrir tudo nos primeiros passos. Sei que teria me desanimado com os "comos" e os "não posso", e eu só queria focar em atingir meu objetivo.

Como pensava no meu objetivo de ser sinônimo de vendas, sabia que a meta era grande o suficiente para me manter interessado. Estava inspirado a fazer tudo o que fosse consistente com as respostas que desenvolvemos para as perguntas ligadas à qualidade. Todas as ações que minha empresa e eu realizamos tinham como meta disseminar meu nome. Não sabíamos nada, nem tínhamos contatos com a televisão. Eu tinha escrito dois livros, mas nem sabia como publicá-los, muito menos como vendê-los em livrarias. Nessa época, não tinha dado nenhuma entrevista para a televisão ou jornal, e achei que sites como *Facebook* e *Twitter* eram para pessoas que não tinham nada melhor para fazer. Ainda assim, de todos os objetivos que estabeleci, acreditava que ir a um programa de TV daria o melhor retorno. Sei que todas as ações que realizei estavam conectadas e seriam vitais.

Imediatamente, falei com minha esposa e disse a ela que, de algum jeito, iria a um programa de TV demonstrar minha capacidade de entrar em qualquer empresa, em qualquer lugar e vender qualquer coisa em qualquer momento econômico – e aumentar as vendas dessa empresa. Sabia que isso me ajudaria a evitar qualquer obscuridade entre as organizações de vendas pelo mundo. Sem reservas, ela respondeu, "Seria um programa de TV incrível! Seria ótimo – vamos em frente! Como posso ajudar?". Sem perguntas – somente apoio total.

Estava muito animado, mas fiz de tudo para não compartilhar minha ideia com ninguém que pudesse me dizer que era impossível. Percebi que era um desafio grande e animador o suficiente para me dedicar. Também sabia que não aconteceria do dia para a noite.

Primeiro informei minha equipe, enfatizando que qualquer projeto que nos levasse na direção do objetivo teria de ser realizado. Deixei claro que não queria ouvir nenhum "Não consigo, não conseguimos, é muito difícil, não pode ser feito". Começamos a realizar ações 10X ligando para todos que conhecíamos e que pudessem me colocar em contato com alguém envolvido na indústria da mídia, televisão e livros. Este foi um passo difícil. Pessoas que trabalham na indústria de livros e televisão já viram muitos fracassos e veem projetos assim de maneira muito pessimista.

Eles não hesitaram em me dizer várias vezes quanto tempo algo desse tipo levaria e que eu não deveria ter muitas expectativas. Fui bombardeado pelo pensamento mediano de muitas pessoas – o mesmo tipo que as impede de conquistar o que querem. Ouvi muitos comentários como "de 300 programas, um é escolhido", "as redes de TV estão gastando muito", "um programa sobre vendas não interessa às pessoas", "mais de 750.000 livros são escritos por ano", "quando você não é conhecido, é difícil ir à TV", e assim por diante.

Embora esse fosse um momento em que muitos considerariam desistir, eu não fiz isso – e você também não pode fazer. Veja que todos que tentam a sorte grande passam pela mesma situação. Eu tive de deixar os pessimistas de lado e focar novamente nos meus objetivos. Analisava novamente o que eu tinha de fazer para alcançar o objetivo e depois ia em frente – independentemente de estar com medo ou confortável. Lembre-se: pessoas bem-sucedidas abraçam o medo e o desconforto!

Não sei se foi por causa do que estávamos fazendo ou porque mantivemos nosso foco no que queríamos. Acho que foi uma combinação de ambos. Contratei minha primeira empresa de relações públicas e, embora tenha sido uma decepção, não desisti, porque sabia que era importante. Depois, quando a segunda também não funcionou, contratei outra. Estávamos pegando muitos projetos ao mesmo tempo e todos requeriam energia, dinheiro e criatividade, além de serem novos para nós. Não tinha como saber se daria certo ou não. Além disso, fazia isso numa época em que a economia estava horrível. Todos estavam contraindo. Minha empresa – e a economia como um todo – estava vivenciando a maior redução econômica que eu já tinha visto. Meus clientes reduziam seu quadro de funcionários em 40%. Meu melhor concorrente cortou sua equipe pela metade e inúmeros outros literalmente fecharam as portas. Empresas inteiras estavam entrando em colapso – e até indústrias inteiras estavam correndo risco. Todos estavam com medo, mas eu mantive um ponto importante em mente: que os mais bem-sucedidos expandem enquanto os outros diminuem. Eles se arriscam, enquanto os outros se mantém iguais. Então, em vez de cortar a equipe ou o nosso crescimento, eliminei meu próprio salário – e peguei o dinheiro que normalmente me pagaria para fazer fundos 10X. Mesmo que eu estivesse cheio de desafios, em todas as frentes, fiz de tudo para manter a meta no foco. Não foi fácil e o resultado não era garantido, mas fiz tudo o que podia para me lembrar de que poderíamos fazer as coisas darem certo.

Quanto mais me comprometia, mais desafios enfrentava. Parecia que o universo queria confirmar minha força e se eu iria de fato em frente. Minhas empresas de RP conseguiram uma única entrevista em três meses, os bancos pediam cada vez mais dinheiro e minha renda tinha sido cortada (por mim mesmo, claro – mas ainda assim era difícil!). A única coisa boa era meu casamento, um bebê a caminho e minha crença incansável na capacidade de persistir e trabalhar. Estava apaixonado pelo meu objetivo 10X. Sabia que não era bom só para mim, mas que o mundo precisava conhecer uma nova maneira de fazer as coisas. Não era só uma questão de sucesso pessoal; tratava-se de estar em uma missão para ajudar. O mundo inteiro sofria economicamente. Sentia que meu objetivo era grande o suficiente para mudar as coisas de fato – e não só para mim. Senti que o risco de expandir valia mais do que o dinheiro e a energia que eu estava gastando. O objetivo tem de ser mais valioso que o risco – ou você estabeleceu a meta errada. Então, continuei comprometido, lidei com o medo, fiquei fanático com o assunto e continuei a aumentar minhas ações em outras áreas. Não controlei as relações públicas, as redes de TV ou as empresas de publicidade. Então, continuei trabalhando no que eu podia controlar. Onde podia colocar minha mensagem, colocava – e finalmente passei a ver resultados.

Começamos a receber ligações para participar de programas de rádio e até de algumas entrevistas na televisão. Uma bela manhã, recebi um telefonema da rádio CNN para uma entrevista sobre o caso Fannie Mae, e claro que aceitei. Na manhã seguinte, pediram-me para comparecer às 3h30 da manhã no estúdio para uma entrevista sobre o desfecho do problema, e eu disse: "Sim, sem problemas – conte comigo!". Lembro-me de receber uma ligação do pessoal de RP perguntando: "Você pode falar sobre como o contrato de LeBron James vai afetar o basquete?". Eu disse que sim e fui em direção aos estúdios da NBC sem atraso. Dez minutos antes de eu chegar, recebi uma ligação e soube que: "O assunto mudou. Em vez de LeBron, vamos falar sobre a relação entre Levi Johnston e Sarah Palin". Eu não sabia nada sobre Levi Johnston, mas, ainda assim, dei a entrevista. O assunto não me interessava. Eu só queria que os meios de comunicação soubessem que podiam contar comigo. Disse a mim mesmo que o objetivo não era dar uma entrevista na NBC, ou falar sobre o Levi, mas chamar a atenção do mundo para que as pessoas passassem a se lembrar de mim ao pensarem em vendas. Embora essas aparições não me rendessem dinheiro – mais do que isso –, tornam-me conhecido. Então, começamos a atuar fortemente nas mídias sociais. Forçamos tanto que clientes, amigos e até funcionários reclamavam que eu estava mandando muitos e-mails e postando muitas coisas. Em vez de diminuir a quantidade, aumentei, até que as reclamações se tornaram admiração. Em um momento, estava decepcionado com a empresa de RP, e no outro, com a agenda lotada (essa foi uma das formas pelas quais minha ação potencializada gerou novos problemas).

Continuei me esforçando para ir a um programa de televisão. Tentei me encontrar com agentes de teatro, gerentes, grandes e pequenas agências, mas nem eles queriam me encontrar. Falei com amigos em Hollywood com experiência em canais de televisão e que tentavam emplacar seus próprios *reality shows* durante anos, sem sucesso. Mesmo assim, eu estava me aventurando pelo novo e continuei a adicionar lenha às coisas que podia controlar: palestras, ligações para clientes, e-mails, mídias sociais, artigos para publicações, além das minhas atividades cotidianas. E toda vez que me decepcionava ou me deparava com um obstáculo, voltava atrás e reescrevia meus objetivos. Isso me forçou a ficar concentrado no meu destino, ao invés das dificuldades. Sempre me lembro que os bem-sucedidos mantêm o foco nos objetivos independentemente dos desafios. Assim, um dia recebi uma ligação de um agente de televisão de um grupo de Nova York que me disse: "Vimos um vídeo seu no *YouTube* e achamos que você seria perfeito para um programa de TV. Estamos procurando alguém como você, mas ainda não encontramos a pessoa certa". Minha resposta: "Eu sou a pessoa certa! Por que demoraram tanto para me encontrar?". Depois, anotei o nome da pessoa responsável pelo projeto, liguei e disse que estaria em Nova York naquele fim de semana, imediatamente me comprometendo com o projeto (Ah! Eu não tinha uma viagem planejada para Nova York antes desse telefonema. Porém, estava nos meus planos me encontrar com alguém para falar sobre um programa de televisão. Engraçado como as coisas se encaixam, não?). O produtor disse que adoraria me encontrar. Eu disse que estaria na cidade no fim da semana e desliguei o telefone.

De cara, mostrei ao produtor meu interesse e vontade de que as coisas dessem certo, e quis me comprometer sem ter "todas as informações". Lembre-se: pessoas bem-sucedidas se comprometem primeiro e descobrem o que fazer depois. Alguns podem dizer que eu fui muito ousado em agarrar essa chance e dizer que estaria em Nova York em uma semana. Mas a agenda é minha e posso marcar o que quiser, quando quiser. E como estou completamente comprometido com o sucesso como meu dever, decidi que a "viagem para Nova York" estaria na minha agenda.

Não preciso de um assistente ou computador para fazer isso por mim. Dê a si mesmo todas as vantagens e dê à pessoa do outro lado também as oportunidades de ir em frente. Não adicione mais tempo, hesitação e dúvida. Faça com que todos na sua vida leiam o mesmo livro. Não espere até que algo bom aconteça e, depois, precise adicionar tempo para checar com os outros ou com sua agenda. Isso só vai prolongar sua chegada ao sucesso. Esteja sempre preparado para ele, para que possa abraçar a oportunidade assim que ela aparecer! Assim que recebi a ligação do produtor, liguei para minha assistente e disse a ela que precisava estar em Nova York. Ela me disse que eu já tinha outro compromisso, impossível de remarcar. Novos problemas?! Oba! Então, na mesma hora, peguei o telefone (a estratégia "faça agora") e utilizei esse problema para ter mais contato com minha nova oportunidade (conquistar o cliente *versus* satisfazer o cliente). Liguei, disse ao pessoal de Nova York que não poderia estar lá na data combinada e propus outro dia. No fim, a nova data era melhor também para eles.

Fui para Nova York por conta própria (arriscando-me) e não fazia ideia do que estava fazendo (e daí?). Quando cheguei, descobri que o dono da empresa estava preso em outra reunião. Persuadi meu contato a pedir ao dono que conversasse comigo por pelo menos 10 minutos (ação não razoável). Pedi aos porteiros: "Gente, passei mais tempo na fila do aeroporto do que estou pedindo para falar com ele. Preciso de 10 minutos para explicar minha visão para o programa". O dono relutantemente me encontrou e, em cinco minutos, estava completamente animado com o conceito. Depois, passou uma hora comigo e sabia que ele me apoiaria. Quando saía, ele me disse: "Vou atrás de qualquer um com essa garra e clareza". O grupo, então, começou a apresentar o conceito às redes de televisão.

Pouco tempo depois, recebi outro telefonema de um grupo de Los Angeles ligado ao produtor de *reality shows*, Mark Burnett. Convidaram-me para aparecer no programa de Joan Rivers, *How Did You Get So Rich?* (em português, "Como você ficou tão rico?"). O que era ridículo para mim, pois não me considero tão rico assim. Mas, é claro, aceitei participar. Antes que a equipe de Joan Rivers viesse gravar o episódio, o grupo de Nova York enviou uma equipe para me entrevistar e gerar material a ser utilizado nas redes de televisão. Quando acabaram, liguei para meus novos melhores amigos em Nova York e dei meu *feedback:* "A entrevista foi boa, mas não conseguiremos vender o programa assim. Os donos dos estúdios têm de me conhecer para que eu possa vender o programa pessoalmente. Ou precisam me filmar quando eu estiver de fato indo a uma empresa para aumentar suas vendas". A resposta foi que "normalmente não filmam esse tipo de coisa" até que consigam algum interesse por parte de uma rede de televisão. Porém, continuei explicando que a entrevista tinha sido muito leve e eu realmente precisava criar um vídeo que mostrasse às redes de televisão que não seria um programa sobre mim. Seria um programa que todos gostariam de assistir, demonstrando exatamente como gerar sucesso em qualquer negócio e em qualquer cidade, mesmo durante a pior fase econômica.

Para manter a chama acesa, continuaria a enviar informações para ambos os grupos. Estava em Las Vegas para uma convenção (relacionado ao negócio da minha empresa) e percebi que havia uma equipe de filmagem. Contei a eles o que queria fazer com esse programa e que eu queria mandar para meus associados em Nova York um vídeo de três minutos. Pedi que fizessem um vídeo improvisado para mim que chamasse a atenção deles. Eu disse a eles que, se desse certo, eles saberiam que me ajudaram a tornar um programa de televisão realidade. Para minha surpresa, eles concordaram. Assim, gravei um vídeo de três minutos que chamei de "*You Can't Handle the Truth*" (em português, "Você Não Pode Lidar com a Verdade"). O vídeo em inglês pode ser encontrado no YouTube.

A equipe foi generosa o suficiente para me dar cópias a serem enviadas a ambos os grupos, e eles adoraram. Fez com que eles pensassem em mim e dessem mais atenção à causa. O vídeo até fez com que o grupo de Nova York ampliasse as redes que planejavam abordar.

Meu comprometimento para tocar a bola para frente começava a mexer com o entusiasmo e comprometimento deles também. Eu coloquei lenha na fogueira e com certeza ultrapassei as regras socialmente aceitáveis. Para se ter uma ideia, eu também – na maior parte do tempo – não sabia o que estava fazendo (a coragem vem das ações). Só sabia que agia para atingir o objetivo maior. Estava com medo, preocupado com o dinheiro que estava investindo e tinha medo de ser rejeitado pelo caminho. Mas também sabia que estava gerando um novo conjunto de problemas – o que, é claro, indicava que eu estava dando os passos certos.

O próximo grande evento aconteceu quando Joan Rivers veio à minha casa gravar o episódio comigo. Eu, é claro, falei com ela sobre minha ideia de ter um programa e ela me passou os nomes das pessoas que faziam o programa dela. Empreguei o método de elevar o contato, não andar de lado nem para baixo. Liguei para o grupo de Los Angeles e pedi uma reunião para lançar essa ideia, para o caso de os caras de Nova York não darem seguimento ao projeto. Lembre-se: nunca pare de adicionar lenha e agir, independentemente das ações alheias.

O grupo de Los Angeles gostou da ideia. Também não foi um problema o fato de os produtores já terem visto o que fiz no programa da Joan Rivers. Naquele momento, eu tinha passado de uma ideia com apoio mínimo a nada menos do que duas empresas considerando a possibilidade de fazer um programa. Eu estava muito em dúvida quando fui à Paramount e pensei: "Esses caras só estão se encontrando comigo porque se sentem obrigados. Então, não pense nem por um minuto que você pode se sentir seguro e confiante todo momento". Eu quase cancelei minha ida à Paramount no caminho, pensando que seria uma perda de tempo, quando, de repente, retomei a consciência. Sim, eu tinha medo e não sabia bem o que estava fazendo, mas segui em frente. Eu tinha de me lembrar que as emoções são muito valorizadas e o trabalho do bicho papão era mesmo me deixar desanimado. Novamente, preste atenção a todas as estratégias de sucesso que estou demonstrando aqui, porque foram elas que guiaram minhas decisões e também devem guiar as suas.

Quando encontrei os membros do grupo, fiquei chocado ao saber que eles já tinham passado algum tempo pensando em como fazer uma versão do programa comigo. Todos os meus medos sobre a falta de interesse deles – como a maioria dos medos – não tinham fundamento. Quando ambos os grupos me procuraram, comentaram: "Parece que você está em todos os lugares" (onipresença).

Embora minha vontade fosse sair dando pulos de alegria, sabia que não podia me animar muito e nem parar de comemorar. Tinha que continuar tomando mais atitudes e assumindo mais responsabilidades para ir em frente. Em vez de esperar que uma ou duas empresas me fizessem uma proposta, comecei a ligar para empresas de varejo tentando deixá-las em *stand by* para participar do programa (que, por sinal, ainda não existia). Embora esse trabalho normalmente seja da empresa de produção: (1) Não havia nada fechado com nenhuma empresa que fizesse isso, (2) Odeio esperar e (3) Queria ir em frente e chegar a um ponto em que ninguém pudesse voltar atrás. Eu estava sendo muito agressivo, agindo de forma socialmente inaceitável e quebrando as regras do senso comum? Isso poderia ofender alguém? Claro que sim! Se algum daqueles grupos me dissesse não, nada do que eu estava fazendo importaria mesmo! O interessante foi que, quando ligamos para as empresas para falar do programa, elas não só ficaram interessadas em participar assim como também queriam saber como nos ajudar antes do programa. Fechamos novas contas só pelo ato de ligar e falar sobre o programa. Depois, informei ao grupo de Nova York que estava deixando as organizações que queriam se envolver com o programa em *stand by*. Os produtores me disseram para "ir com calma" e eu respondi: "Posso até dizer que vou fazer isso, mas não vou". O resultado dessa ligação foi que o grupo de Nova York quis gravar um *teaser* do show. Todos concordamos que uma concessionária da Harley daria um ótimo visual e uma história fantástica. Depois de uns doze telefonemas, encontramos uma empresa disposta a participar, mas ainda não tinha a confirmação de Nova York. Ainda assim, disse a eles que tinha o lugar perfeito para começar e que eles não tinham como dizer não (entenda que, quando você continua forçando, algo vai dar resultado). Assim, vi-me sem nenhuma experiência, gravando um programa de televisão. Sem *script*, anotações ou preparação, e sem ideia do que iríamos de fato fazer. Mas eu estava a caminho de gravar durante dois dias na maior loja da Harley do mundo (comprometa-se antes, pense no resto depois). Eu estava trabalhando com um grupo de pessoas com quem nunca tinha trabalhado antes e, francamente, estava morrendo de medo. A única coisa que eu sabia era que poderia entrar em qualquer empresa e aumentar suas vendas. Tinha uma coisa em mente: o medo é um indicador de que você está indo na direção certa.

Para me acalmar, foquei a atenção no futuro e me lembrei dos objetivos. No caminho até lá, dizia a mim mesmo que podia lidar com meus medos e que eu tinha de fazer algo desse tipo. Senão, as pessoas nunca me conheceriam e nem saberiam da minha capacidade de ajudar os outros. Lembre-se: seu único grande problema é a obscuridade. Eu ficava dizendo a mim mesmo: "Apareça, vá com tudo e confie na criatividade que vem junto com o comprometimento". Veja novamente o número de traços de sucesso que apliquei aqui: tenha uma atitude "eu posso"; acredite que vai dar certo; apareça; comprometa-se antes, pense no resto depois; faça agora, não depois; vá com tudo; seja corajoso; faça o que lhe dá medo; fique focado na meta; disponha-se a se sentir desconfortável. Mesmo que desse errado, eu sabia que meu pensamento e minhas ações estavam no lugar certo. Posso até me arrepender da minha performance, mas, pelo menos, não vou me arrepender por não ter tentado! Começamos a filmar o *teaser*. Depois de aproximadamente três horas, o produtor disse: "Grant, precisamos de alguma coisa que de fato mostre o que você faz, além de palavras e explicações. Precisamos ver que o que você ensina, de fato, acontece". Olhei para o câmera e disse: "Vire essa câmera e siga-me". Assim, fui ao piso do *showroom* da Harley e passei a abordar todos os clientes. Eles subiam e desciam das motos. Fiz com que eles se mexessem, tirassem fotos e enviassem-nas para suas esposas em casa com mensagens como: "Estou prestes a vender uma moto para o seu marido". Era divertido, fácil e incrivelmente poderoso para interagir com os clientes e lidar com suas objeções, resistência e problemas. E assim, gravamos tudo.

No final do primeiro dia, o produtor olhou para mim e perguntou: "Você pode fazer isso com qualquer empresa e em qualquer lugar?". Tenho certeza de que, a essa altura, você sabe qual foi minha resposta. Mas, caso não saiba, vou repeti-la aqui: "Cara, posso fazer isso em qualquer empresa, em qualquer lugar, infinitas vezes e mostrar a qualquer um. Vendendo o que quer que seja e mostrando como aumentar as vendas em qualquer economia!". Ele disse: "Acredito em você, e acreditei até antes de ver o que você acabou de fazer. Agora, a América precisa ver este programa".

Pedi a ele um favor: "Quando você conseguir um acordo para encontrar com o pessoal da televisão, deixe que eu venda o peixe a eles". Sabia que eu podia vender o programa melhor do que qualquer um. Ele concordou, voltou para Nova York e começou a editar o vídeo. Ligou-me na semana seguinte e disse que estava muito animado, mas que as férias de verão iriam atrasar suas apresentações às redes de televisão. Disse-me que só faria isso dali a aproximadamente quatro semanas, mas me garantiu que todos iriam adorar.

Não falei com ele pelas próximas três semanas, então comecei a ligar. Sabia que não chegaria a lugar algum sem persistência. Quando conversamos, ele me confirmou que ainda estava "muito interessado". Relembrei que ele se comprometeu a deixar que eu vendesse o peixe aos executivos. Ele me ligou uma semana depois, às 6h45 da manhã, e me disse: "Grant, tenho más notícias. As redes não querem que você venha vender o programa. Querem que você comece a gravar já".

A primeira coisa que pensei foi na pessoa que tinha me dito: "Para cada programa feito, 300 são descartados". A segunda coisa foi em alguém que me disse que ninguém se interessaria por um programa de vendas (foque no futuro, não seja razoável quanto a ele, continue colocando lenha e não foque no que as pessoas dizem que já foi feito, pode ser feito ou o que é possível!). As pessoas se prendem tanto à sua própria negatividade e perdas que desistem de criar o futuro que desejam. Outros sentem a necessidade de criticar as aventuras alheias como forma de justificar suas próprias desistências. Nunca considere o impossível. Pelo contrário, fique focado no que você pode fazer para que o supostamente impossível se torne possível. Ainda bem que não ouvi esses intrometidos, né?

A essa altura, ainda não gravamos o programa, mas tudo está encaminhado para isso e esperamos o lançamento para o próximo ano. Minha esperança é que este programa dê as pessoas a direção que precisam para gerar o sucesso em qualquer cenário econômico, em qualquer lugar e a qualquer hora. Resistências no mercado, problemas financeiros, desafios e medo não são tão poderosos quanto a capacidade que as pessoas têm de sonhar grande e agir em níveis 10X! Nenhuma economia, não importa seu estado, pode frear um objetivo buscado com a ação suficiente.

Compartilhei essa história com você para mostrar como empreguei muitos dos conceitos discutidos neste livro para atingir o objetivo de expandir minha marca. Sou exatamente como você – não tenho mais talento, nem mais certeza – mas estou utilizando o pensamento e as ações 10X. Isto não é só um livro: é o que você tem de fazer hoje para ter sucesso. O mundo não recompensa aqueles que só falam. Você e eu precisamos não só falar, mas agir. Isso deve ajudá-lo a perceber que o 10X funciona para qualquer um.

Essa historinha nem é mesmo sobre mim: é um guia sobre o que você precisa fazer. Você nem imagina quantas pessoas já riram de mim, criticaram e ergueram as sobrancelhas quando souberam das coisas que eu queria fazer. Não imagina quantos milhares de telefonemas que não deram em nada eu fiz, ou os milhares de e-mails que enviei e ninguém respondeu. Você mal pode imaginar quantas pessoas – até aquelas que me apoiavam – sugeriram que eu estava exagerando, passando dos limites e me arriscando. Passei 30 anos me preparando e estudando, errando e agindo, e tudo isso fez com que eu desenvolvesse certo nível de disciplina que nem sempre tive.

Treinar e aprender são essenciais para seu desenvolvimento e o aprimoramento da coragem, persistência, pensamento não razoável e – especialmente – disciplina. Sigo dizendo a mim mesmo que, quando se trata de sonhos e metas, não existe ser razoável, racional, e não há diferenças entre o possível e o impossível. Acho que você vai concordar comigo. É impossível fazer algo excepcional se continuar vivendo a vida que tem atualmente, com pensamentos e ações medíocres.

Pensamento grande, ações potencializadas, expansão e riscos são necessários para sua sobrevivência e crescimento no futuro. Manter-se pequeno e em silêncio são formas de continuar sendo pequeno e quieto. Continue pensando assim e, em algum momento num futuro próximo, ninguém poderá vê-lo, ouvi-lo ou saber que você já existiu. Comprometa-se ao pensamento e à ação 10X. Esta é a grande diferença entre o sucesso e a alternativa. Não se trata de inteligência, economia ou até dos seus contatos – porque sem a ação potencializada, nada disso importa.

Ainda tenho muitos dos meus próprios objetivos em longo prazo e metas para cumprir. Não fiz o programa ainda, 6 bilhões de pessoas ainda não me conhecem e há muitas outras coisas que ainda quero fazer – ainda nem pensei em muitas delas! Porém, sei que estou indo na direção certa. Também sei, e quero que você leia novamente, que eu não sou mais especial e nem tenho alguma qualidade única: simplesmente se trata de operar com o pensamento e ações 10X.

Deixe sua fogueira tão grande e quente que os outros não terão escolha senão sentar ao seu redor com admiração. Você nunca terá todas as respostas, seus prazos não serão perfeitos e haverá sempre obstáculos e dificuldades. Porém, você pode sempre contar com uma coisa: ações potencializadas consistentes e persistentes, assim como o *follow-up* com ações do quarto nível, são as formas de garantir o sucesso que você deseja. Sempre vá com tudo em direção à ação potencializada. Deixe que o resto do mundo opere nos três primeiros níveis de ação e assista enquanto eles passam sua vida lutando pelos restos deixados para trás.

Olhe ao redor e veja o mundo repleto de pessoas medianas, com pensamento mediano e, na melhor das hipóteses, ações medianas. Olhe novamente. O que você de fato vai ver por trás dessa aceitação do mediano são pessoas que desistiram dos seus sonhos e pararam de viver com um propósito dinâmico. Em vez disso, querem se acomodar no que consideram "normal". Ao escolher as pessoas com as quais quer aprender, procure o excepcional – aqueles que se destacam pela forma como veem a vida. Não se preocupe se eles são especiais ou diferentes de você. Foque no que pensam, em como agem e pense em como replicar isso.

O sucesso não é uma escolha ou uma opção: é seu dever de operar nos níveis certos de pensamento e ação. Então, concentre-se na sua responsabilidade de deixar uma marca neste planeta para que, quando terminar sua jornada, você seja lembrado por ver a vida com nada menos que os maiores sonhos e suas ações mais marcantes. Lembre-se: o sucesso é seu dever, obrigação e responsabilidade. Pensando e agindo em níveis 10X, tenho certeza de que vai alcançar mais sucesso do que jamais sonhou!

Glossário

Muitas palavras têm diversos significados. Então, para o total entendimento das palavras utilizadas aqui, procure um bom dicionário. Descobri que minha capacidade de entender algo por completo limita-se somente ao meu entendimento das palavras contidas naquele tema. Então, a primeira coisa a fazer, o segredo para aplicar a Regra 10X, é sempre entender as palavras e frases do tema que você está aprendendo. Este foi um dos pontos-chave para o meu próprio sucesso. Quando não conseguia fazer isso, não conseguia alcançar minhas metas.

1,99. Loja de variedades ou revendedor que vende itens baratos, normalmente com o mesmo preço para todos os itens da loja. Mercadorias típicas são: itens de limpeza, brinquedos e guloseimas. Normalmente estão em comunidades pequenas.

Absoluto. Certo; inquestionável.

Abundância. Uma quantidade ampla; riqueza.

Aceito. Concordar com (uma opinião); admitir, conceder.

Acessório. Extra; não é a fonte principal.

Acomodar. Chegar a um acordo ou aceitar as necessidades alheias.

Acordo. (1) Contrato adequadamente executado e legal; (2) realidade mútua explícita ou não sobre certa situação.

Acordo comum. Pensamentos e ideias do grupo ou ambiente ao redor de alguém.

Ação. (1) Algo que foi feito; feito; (2) a conquista de alguma coisa, normalmente após um período de tempo.

Adaptar. Fazer funcionar (uma nova ou específica utilidade ou situação), normalmente por meio de mudanças.

Aderir. Compromisso de partes interessadas ou afetadas com uma decisão (também chamado de *stakeholders*) para "aderir" a ela; ou seja, concordar em apoiá-la, normalmente estando envolvido na sua formulação.

Adicional. O resultado da adição; aumentar.

Admirável. Causa admiração de forma impressionante.

Agendado. Agenda de um programa ou projeto mostrando a sequência de atividades e eventos durante um período determinado.

Agir. Fazer alguma coisa; feito.

Ar. O caráter geral ou complexo de alguma coisa; aparência.

À la carte. Cardápio ou lista em que o preço de cada item é discriminado.

Além. (1) depois ou em direção a algo mais distante; (2) além disso.

Alimentar. Ajudar o desenvolvimento de; cuidar.

Alta margem. Produto ou serviço que tem grande diferença entre o preço de custo e o de venda.

Alta qualidade. Alguém ou alguma coisa extremamente boa.

Alterações. Resultado de modificações.

Alvo. Aquilo que a pessoa tenta conquistar.

Ambiente. Circunstância, objetivos ou condições que rodeiam uma pessoa.

Amway. Empresa de venda direta que utiliza o marketing multinível, ou marketing de rede, para promover seus produtos. A Amway foi fundada em 1959, por Jay Van Andel e Richard DeVos.

Anual. Cobre o período de um ano.

Apático. (1) Ter ou demonstrar pouco ou nenhum sentimento ou emoção, sem espírito; (2) ter pouco ou nenhum interesse.

Aperfeiçoar. Tornar perfeito; melhorar ou refinar.

Apertado. (1) caracterizado pela firmeza ou severidade no controle ou aplicação ou atenção aos detalhes (por exemplo, uma agenda apertada).

Arrogância. Atitude de superioridade manifestada de forma desagradável, ou atitudes presunçosas.

Assertivo. Caracterizado pela confiança.

Atalho. Método ou maneira de fazer algo mais rapidamente que, e normalmente não tão completo quanto, pelo procedimento normal (não é bom).

Atenção. (1) Observação, percepção, especialmente uma consideração com vistas à ação; (2) ato de civilidade ou cortesia, especialmente em termos de noivado; (3) consideração pelas necessidades e vontades alheias.

Atividades da igreja. Forma de recreação extracurricular organizada e supervisionada em local de adoração religiosa.

Aviso. (1) Ato de dar conselhos a; aconselhar; (2) ato de chamar a atenção de alguém ou informar.

Banco de dados. Normalmente é uma grande coleção de dados organizados especialmente para buscas rápidas.

Barack Obama. Nascido em 4 de agosto de 1961, Obama é o 44° e atual presidente dos Estados Unidos. Ele é o primeiro afrodescendente a assumir esse posto. Obama foi senador em Illinois de janeiro de 2005 a novembro de 2008, quando se desligou do cargo para se candidatar à presidência.

Base. Serve como parâmetro ou ponto de partida.

Base de poder. Ponto de partida ou linha de ação na qual uma pessoa tem o controle, autoridade ou influência sobre os outros. Termo militar indica o local onde começam as operações militares.

Básico. Algo que é elementar (por exemplo, voltemos ao básico).

Bem. Item de valor; (plural) itens em um balanço, demonstrando o valor de uma propriedade.

Bíblia. Livros que formam o texto religioso central do judaísmo e do cristianismo.

Bill Gates. Nascido em 28 de outubro de 1955, Gates é um magnata americano dos negócios, filantropo, autor e diretor da Microsoft, empresa de *software* fundada por ele e Paul Allen. Ele é considerado uma das pessoas mais ricas do mundo e, em março de 2009, foi considerado o mais rico do mundo. Durante sua carreira na Microsoft, Gates manteve os cargos de CEO e arquiteto de *software*, e ainda é o maior acionista individual, com mais de 8% das ações comuns.

Bioquímico. Caracterizado por, produzido por, ou envolvendo reações químicas em organismos vivos.

Biológico. Estudo dos organismos vivos e processos vitais.

BlackBerry. Aparelho de mão *wireless* apresentado em 1999 como um *pager*. Em 2002, ficou conhecido como *smartphone*.

Boca-a-boca. Algo gerado ou relacionado à publicidade falada.

Bombardeio. Lançamento rápido de muitas coisas ao mesmo tempo.

Bravata. Falar de maneira barulhenta, animada ou declamatória.

Briefing. Ato ou instância de dar instruções precisas ou informações essenciais.

Campanha. Uma série conectada de operações feitas para surtir um resultado específico.

Campanhas de marketing. Série de operações conectadas para promover, vender e distribuir um produto ou serviços.

Campanha de RP. Série conectada de operações com objetivo de alcançar um resultado específico; neste caso, induzindo o público a entender e aceitar uma pessoa, empresa ou instituição.

Caos. Estado de total confusão.

Capital. (1) Ação ou bens acumulados, especialmente em um momento específico, contrastando com a renda recebida durante um período determinado; também é o valor desses bens acumulados; (2) bens acumulados voltados à produção de outros bens; (3) posses acumuladas calculadas para gerar renda.

Captação. Ligação feita sem apresentações ou aviso, chamada, em inglês, de *"cold"* porque não há apresentação.

Cego. Feito sem a visão de certos objetivos.

Chefão. Pessoa, grupo ou coisa em posição de autoridade, especialmente por meio da vitória em competição.

Choque. (1) Distúrbio mental ou emocional repentino ou violento; (2) Algo que causa trauma (por exemplo, a perda foi um choque); (3) estado de estar perturbado.

Ciclo (ciclo de vendas). Intervalo de tempo durante o qual uma recorrente sucessão de eventos ou fenômenos se completam.

Circuit City. Empresa de capital aberto que vendia eletrônicos. Faliu em 2009.

Círculo de influência. Área na qual um indivíduo tem o poder de agir ou produzir um efeito sem aparente uso da força ou direto exercício do comando, normalmente devido à relacionamento, autoridade ou reputação.

Circunstância. A soma de fatores essenciais e ambientais (como um evento ou situação).

Combustível. Apoio; estímulo.

Competição. Estado de lutar consciente ou inconscientemente por um objetivo.

Competitivo. Aquele que luta com outros para ganhar.

Comunidade. Um grupo de pessoas com interesses comuns, especialmente profissionais, reunidas dentro de uma sociedade maior.

Conclusão. Descreve a solução final.

Condicionado. (1) Trazido ou colocado em um estado específico; (2) determinado ou estabelecido por meio de condicionamento.

Conhecimento. Fato ou condição de estar familiarizado com alguma coisa por meio da experiência ou associação; familiaridade ou entendimento de uma ciência, arte ou técnica; fato ou condição de estar ciente de algo; alcance da informação e entendimento de alguém.

Conquista. Ganhar o poder ou ganhar ultrapassando obstáculos ou a oposição.

Contato. Pessoa que serve de mensageiro, conexão, contato ou fonte de informações especiais.

Contração. Ato de diminuir; redução de esforços, recursos e energia despendida.

Contração econômica. Queda ou diminuição relativa ou com base na produção, distribuição e consumo de bens e serviços.

Contraintuitivo. Contrário ao que alguém intuitivamente esperaria; poder ou faculdade de obter conhecimento direto sem pensamentos racionais evidentes e inferências.

Contrabalançar. Algo que serve para compensar outra coisa, especialmente em relação à contabilidade (por exemplo, contrabalançar o prejuízo).

Controle. (1) Exercitar a retração ou direcionamento de influências, regulação; (2) ter poder sobre.

Coragem. Ato que demonstra força mental ou moral para se aventurar, perseverar e superar o perigo, medo ou dificuldade.

Criativo. Ter a qualidade de algo criado, não copiado.

Crítico. De ou relacionado a uma encruzilhada, ou ponto importante de mudança.

CRM (*Costumer Relations Manager*). *Software* que permite às empresas gerenciar todos os aspectos de seu relacionamento com o cliente.

Cruzada. Ato de mudar de categoria.

Cultivar. Incentivar e apoiar o crescimento de.

Cultura. (1) Conjunto de atitudes, valores, objetivos e práticas compartilhadas, que caracteriza uma instituição ou organização (a cultura de uma empresa focada no *bottom line*); (2) conjunto de valores, convenções ou práticas sociais associadas a um campo específico, atividade ou característica da sociedade.

Currículo. Documento que contém um resumo ou lista referente à experiência profissional e formação de uma pessoa. O currículo, ou CV (*curriculum vitae*), é normalmente o primeiro item que um potencial empregador usa para encontrar candidatos e selecioná-los. Normalmente, segue-se a isto uma entrevista (não confie num currículo sem antes conhecer a pessoa que você quer contratar).

Dar um basta. Ato de descontinuar uma atividade que é indesejada ou improdutiva.

Decidido. (1) Não fica em dúvida entre opções; (2) não muda de opiniões, direção ou preferência.

Declínio. Queda, especialmente declínio nos negócios e na atividade econômica.

Defesa e ataque. Coisas simples que são necessárias para realizar uma tarefa (terminologia do futebol).

Delírios. Expressões ou declarações irracionais, incoerentes e extravagantes.

Demografia. (1) Características estatísticas de populações humanas (como idade e renda) usadas especialmente para identificar mercados; (2) mercado ou segmento da população identificada pela demografia.

Dependência. (1) Qualidade ou estado de ser dependente; (2) aquele em quem se confia; (3) vício.

Desafiar. Confrontar com certo poder ou resistência; não levar em consideração.

Desagradável. Pode descrever uma pessoa que consegue discordar das normas aceitáveis ou considerações sociais.

Desintoxicar. (1) Remover uma substância prejudicial (como veneno ou toxina) ou o efeito dela; (2) declarar (uma substância prejudicial) como inofensiva.

Desistente. Aquele que desiste; especialmente aquele que desiste facilmente; derrotista.

Desistir. (1) Parar ações normais, esperadas ou necessárias; (2) desistir do emprego; (3) admitir a derrota; desistir.

Determinar. Estabelecer de forma conclusiva (por exemplo, determinar os motivos).

Dez mandamentos. Lista de imperativos religiosos e morais que, de acordo com a tradição judia-cristã, teve autoria de Deus e foi dada a Moisés no Monte Sinai (Exodus 19:23) ou Horeb (Deuteronômio 5:2) na forma de duas tábuas. Está muito presente no Judaísmo e no Cristianismo.

Dez vezes. Resultados multiplicados por 10.

Diferenciar. Marcar ou mostrar diferença em; constituir uma diferença que faça distinção.

Diligência. Ato caracterizado pelo esforço enérgico e persistente; cuidadoso.

Dillard's. Com base em Little Rock, Arkansas, é uma grande rede de lojas de departamento nos Estados Unidos, com 330 lojas em 29 Estados.

Diminuir. Fazer menos ou aparentar menos.

Dinheiro. Algo normalmente aceito como meio de troca, medida de valor ou forma de pagamento, sendo a moeda oficialmente aceita e impressa.

Disciplina. Treinar ou desenvolver por meio de instruções e exercício, especialmente em se tratando de autocontrole.

Dissertação. Texto extenso sobre algum assunto.

Dominar. Mandar, sobrepujar, levar à submissão de outrem.

Dondoca. Pessoa vaidosa ou indisciplinada que acha difícil ser comandada ou trabalhar como parte de uma equipe.

Duplo para baixo. Termo do jogo *Blackjack* que significa que a pessoa dobra a aposta anterior com a esperança de dobrar seus ganhos ou compensar suas perdas.

Duro. Quebrar financeiramente; estar sem dinheiro.

Economia. Estrutura ou condições relativas a ou com base na produção, distribuição e consumo de bens e serviços de um país, área ou período. Um país, empresa e até uma pessoa tem uma economia.

Economia fraca. Economia que não tem força robusta ou resistência.

Eficaz. Produz um efeito decisivo ou desejado.

Encorajar. Ajudar ou incentivar (por exemplo, encorajar os outros a negociarem com você).

Enrolar. Segurar, divergir ou atrasar por meio da evasão ou enganação.

Erodir. Levar à deterioração ou desaparecimento pelo ato de roer ou destruir.

Escola antiga. Algo não atualizado; maneira de pensar que não é necessariamente errada, mas não é atual.

Esnobe. (1) Aquele que tende a evitar, depreciar ou ignorar aqueles considerados inferiores; (2) pessoa com ar ofensivo de superioridade em termos de conhecimento ou gosto.

Estilo de vida. Forma típica com a qual uma pessoa, grupo ou cultura vive.

Eufórico. Animado; exultante.

Exceção. Caso no qual a regra não se aplica.

Exibição. Apresentar a todos, como uma apresentação aberta, especialmente por ações e sinais visíveis.

Expandir. Aumentar a expansão, número, volume e escopo de; crescer (vem de espalhar).

Expansão. Ato de aumentar a extensão, número, volume ou escopo de; crescimento.

Experiência. (1) Observação direta de ou participação em um evento como base de conhecimento; (2) fato ou estado de ter sido afetado por ou ganhado conhecimento por meio de observação direta ou participação.

Expert. Pessoa que dá opiniões de forma autoritária, normalmente por meio da mídia.

Explorar. (1) Fazer uso produtivo de; usar; (2) tirar vantagem de alguém de forma maldosa ou injusta.

Extraordinário. Qualquer coisa fora da normalidade do que as pessoas podem e conseguem alcançar.

Falta. Estar em falta ou necessitar de algo.

Fanático. Marcado por um entusiasmo excessivo, e normalmente devoção incondicional e intensa.

Fazendo acontecer. Relativo àqueles que fazem as coisas acontecerem.

Fazer o impossível. Ir além das expectativas normais para criar um efeito positivo.

Freelancer. Pessoa que busca uma profissão sem compromisso em longo prazo com nenhum empregador.

Frente. Área de atividade ou interesse.

Folder. Circular publicitária.

Fornecedor. Instituição externa que fornece bens e serviços relativamente comuns, diferentemente de um contratante ou subcontratante que costuma adicionar serviço especializado aos seus produtos. Também é chamado de "vendor".

Fortune 500. As top 500 empresas nos Estados Unidos com base nas vendas.

Garantia. Segurança do cumprimento de uma condição, como um acordo, pela qual uma pessoa assegura a outra da possessão ou gozo de alguma coisa.

Gastar. (1) Pagar com dinheiro, normalmente em troca de bens e serviços; (2) usar um recurso, como tempo.

Genuíno. Livre de hipocrisia ou pretensão; sincero.

Gerar. Criar ou ser a causa de (uma situação, ação ou estado de espírito).

Gerenciamento de banco de dados. Ato de conduzir ou supervisionar um grande apanhado de informações.

Grau. Intensidade relativa de alguma coisa.

Grécia Antiga. Considerada a base da civilização ocidental, como sendo a era de ouro dessa cultura por muitas gerações. Quando os romanos conquistaram a Grécia, adotaram muitos aspectos dessa cultura. A civilização romana, por sua vez, conquistou outras partes do mundo e disseminou a cultura grega para outros países.

Habilidade. (1) Capacidade de usar o conhecimento de forma efetiva e prontamente na execução ou performance, destreza ou coordenação, principalmente na execução de atividades físicas; (2) capacidade aprendida de fazer algo de forma competente; (3) aptidão ou habilidade desenvolvida.

Heard Automotive. Fundada por Bill Heard, que operava a maior franquia da Chevrolet no mundo e que encerrou as operações em 2009.

HerbaLife. Fundada em 1980, empresa que vende alimentos para perda de peso e cosméticos por meio do marketing multinível, também conhecido como marketing de rede. A empresa gera controvérsias e processos.

Homem do saco. Figura assustadora folclórica ou legendária. O homem do saco não tem uma aparência específica, e as concepções de monstro podem variar drasticamente, até de uma casa para outra na mesma comunidade. Em muitos casos, ele simplesmente não tem uma aparência definida na mente da criança, mas é simplesmente a figura amorfa do medo.

Hora da diversão. Hora da diversão e das brincadeiras.

Hotel Península. Hotel luxuoso com base em Hong-Kong. O hotel modelo, o famoso Peninsula Hong Kong, foi inaugurado em 1928 e já foi conhecido como o melhor hotel a leste de Suez. É provavelmente um dos melhores hotéis do mundo.

Howard Schultz. Nascido em 19 de julho de 1953, Schultz é um executivo e empreendedor americano conhecido por ser o diretor e CEO da Starbucks e antigo dono da Seattle SuperSonics.

Ilusão. Ato de desviar a mente ou confundir o julgamento de alguma coisa. (Usei isso no contexto de se desviar das falsidades. Nesse caso, a ilusão é boa).

Impulso. Força adquirida pelo movimento ou por meio do desenvolvimento de eventos.

Ingênuo. Facilmente enganado.

Insano. Absurdo; extremo.

Insignificante. Algo relativamente pequeno ou indiferente a um contexto maior.

Instalar. Arrumar, usar ou arranjar para um fim específico.

Instrutivo. Ação, prática ou profissão de ensinar (por exemplo, vídeos instrutivos).

Intensidade. Qualidade ou estado de ser intenso, especialmente em um grau extremo de força, energia ou sentimentos.

Investir. Envolver-se ou engajar-se, especialmente de forma emocional (por exemplo, investir tempo e energia).

IPod. Marca de *players* portáteis criados e vendidos pela Apple Inc., lançada em 23 de outubro de 2001.

Ir além. Mais do que o normal, comum ou necessário.

Ir com tudo. Jargão do *baseball* que sugere a tentativa de um *home run*. Nos negócios, significa que uma pessoa de fato entrou de cabeça.

Irracional. Que não é governado pela razão; sem razão. Aqui é usado no sentido positivo da palavra (por exemplo, ser irracional em relação ao nível de ações que quer empreender para realizar seus sonhos).

Jesus Cristo. Jesus de Nazaré, filho de Maria; fonte da religião Cristã e salvador na fé cristã.

Jornada. Ato ou instância de procurar; busca ou coleta.

Lado ruim. Aspecto negativo; pior dos casos.

Lagostim. Diversos crustáceos de água doce que se parecem com a lagosta, mas são menores.

Líder de torcida. Pessoa que organiza e dirige uma torcida organizada.

Linha de produção. Grupo de produtos manufaturados por uma empresa que estão relacionados em relação ao uso e produção, além de exigências do mercado.

Literatura. (1) Escritos sobre um tema específico (por exemplo, literatura científica); (2) publicação impressa (por exemplo, panfletos ou circulares).

Lógico. (1) Relativo a, envolvendo ou de acordo com a lógica; (2) com muita lógica; (3) formalmente verdadeiro ou válido; analítico; dedução.

Longa recessão. Recessão que dura mais do que o período médio de 18 meses.

Lucrativo. Que tem lucros; traz retornos positivos e resultados.

Lucro. Excesso de retorno sobre os gastos em uma transação ou série de transações; especialmente o maior preço de venda de bens em relação ao seu custo.

Mala direta. Material impresso (como panfletos) preparado para solicitar propostas ou contribuições; é enviado diretamente aos indivíduos.

Tipicamente refere-se a programas nos quais um *mailing* de bancos de dados recebem uma oferta em particular.

Mantra. Frase ou palavra repetida várias vezes.

Market share. Porcentagem do mercado para um produto ou serviço oferecido por uma empresa.

Marketing multinível. Também conhecido como marketing de rede, é uma estratégia que recompensa promotores de empresas de venda direta não só pelas vendas que fazem, mas também pelas vendas de outros que eles levaram à empresa. Os produtos e a empresa normalmente são anunciados diretamente aos clientes e potenciais parceiros por meio de referências pessoais e marketing boca-a-boca.

Martelar. Bater com força, sugerindo uma martelada, ou várias marteladas.

Mary Kay. Marca de cosméticos para a pele vendidos pela *Mary Kay Inc.* A sede mundial da *Mary Kay* fica em Addison, Texas, subúrbio de Dallas. Mary Kay Ash fundou a *Mary Kay Inc.* em uma sexta-feira, 13 de setembro, em 1963. Richard Rogers, filho de Mary Kay, é diretor e CEO, e David Holl é o presidente e COO.

Metas. Fim para o qual o esforço é direcionado.

Mercado. Mundo do *trade* ou atividade econômica; mundo cotidiano.

Merecer. (1) Tornar-se merecedor ou apto a; (2) fazer valer a pena ou obter (por exemplo, fazer valer seus negócios).

Mito. Noção falsa ou sem fundamento.

Motivos. Algo (por exemplo, uma necessidade ou desejo) que leva alguém a agir.

Não-quero. Palavra fictícia; coisas que a pessoa quer evitar ou não fazer.

Negação. Mecanismo de defesa psicológica em relação ao confronto de um problema pessoal ou realidade que é evitada ao se negar a existência desse problema ou realidade.

Negatividade. (1) Falta de qualidades positivas; discordante; (2) marcada por características hostis, de isolamento e pessimismo que se opõem ao tratamento construtivo e ao desenvolvimento; (3) promover uma pessoa ou causa criticando ou atacando a concorrência.

Negociar. Conversar para chegar a um acordo em relação a uma questão (Nota do autor: embora muitos acreditem que negociar seja aceitar o menor preço, não tem nada a ver com descontos em produtos ou serviços).

Negócio. Contrato com vantagens mútuas.

Neuroquímica. Estudos da formação química e atividades do sistema nervoso.

Newsletter. Pequena publicação (como um panfleto ou jornal) com notícias ou assuntos que interessam a um grupo específico.

Nível de necessidade. (1) Magnitude da pressão da circunstância; algo que é necessário em relação a; exigência; (2) necessidade ou desejo urgente; magnitude de uma quantidade considerada em relação a um valor de referência arbitrário.

Nome equivocado. Nome errado ou inapropriado.

Norma. Princípio de ação relativo aos membros de um grupo que serve para guiar, controlar ou regular o comportamento adequado e aceitável.

Normas sociais. Princípio de ação correta que figura sobre os membros de um grupo; serve para guiar, controlar ou regular um comportamento aceitável adequadamente.

NuSkin. Uma empresa americana de vendas diretas que vende cosméticos, suplementos nutricionais e serviços de tecnologia. Foi fundada por Nedra Dee Rooney e Blake M. Rooney em 1984, e passou a figurar oficialmente na bolsa de valores de Nova York em 1996.

Objeção. (1) Razão ou argumento apresentado em oposição; (2) sentimento ou expressão de desaprovação.

Ocupação. Fato ou condição de estar ocupado ou de morar em algum lugar.

Opressivo. Pessoa que não leva em consideração os direitos, preocupações ou sentimentos alheios.

Ofício. Ocupação que requer habilidades manuais ou artísticas.

Ops. Expressão usada como uma desculpa leve, surpresa ou medo.

Oportunidades. (1) Junção favorável de circunstâncias; (2) boa chance de avançar ou ter progresso.

Orçamento. Lista de despesas e receitas planejadas; plano de economia e gastos.

Órgão público. Posição eleita ou apontada na qual as funções governamentais são exercidas.

Ouvidos tapados. Não querer ouvir ou escutar; não ser persuadido.

Padrões. Algo estabelecido por autoridade como regra para medir quantidade, peso, extensão, valor e qualidade.

Participar. (1) Fazer parte; (2) ter participação em alguma coisa.

Passivo. (1) Receber ou resistir com perseverança; submisso; (2) existir ou ocorrer sem estar ativo, aberto ou direto; (3) relacionar a ou estar em uma atividade de negócio em que o investir não participa ativamente da geração de renda.

Pedir ajuda. Assegurar o apoio e ajuda de; empregar com certo interesse.

Pesquisa. (1) Ato de examinar quanto à condição, situação ou valor; (2) ato de perguntar para coletar dados e analisar algum aspecto de um grupo ou área.

PIB (Produto Interno Bruto). Uma das medidas da renda nacional para a economia de um país. É o valor total de todos os produtos finais e serviços produzidos em determinada economia – o valor do dólar de todos os bens e serviços produzidos nos limites de um país em ano específico.

Plano financeiro. Plano de como se manter estável em relação à receita e às despesas.

Positivo. (1) Ter um efeito bom; favorável (por exemplo, um modelo positivo); (2) marcado pelo otimismo (por exemplo, o ponto de vista positivo).

Potencializar. Aumentar de fato ou aparentemente.

Prato principal. Principal parte da refeição.

Precisar. (1) Ser exigido ou requerido (por exemplo, você precisa parar); (2) ser urgente; ser necessário a qualquer custo.

Pregado. Impossibilitado de se mover.

Preguiçoso. (1) Não estar inclinado a uma atividade ou processo; não ser enérgico ou vigoroso; (2) incentivo à inatividade e indolência.

Previdência. Uma conta poupança com a qual tanto o funcionário quanto o empregador contribuem; os impostos são deferidos até o saque, e o funcionário normalmente seleciona os tipos de investimento.

Primeiro trimestre. Primeiros três meses do ano financeiro.

Privado. Marcado pelas restrições, especialmente das necessidades vitais ou influências ambientais saudáveis.

Problemas. (1) Fonte de perplexidade, estresse e vexação; (2) dificuldade de entender e aceitar; (3) oposto à solução.

Produção. Em termos de produção pessoal, o resultado total dos esforços de alguém.

Produto. Algo (como um serviço) que é vendido ou anunciado como um bem.

Produzir. (1) Compor, criar ou gerar por meio de esforço físico ou intelectual; (2) fazer ou criar algo.

Programado. Pensamento, comportamento ou operações predeterminadas, como num computador.

Programas de limpeza de dados. Processo de separar um conjunto de dados com identificações individuais e remover ou alterar esses dados de forma que sua utilidade seja mantida, mas que a identificação dos indivíduos se torne praticamente impossível.

Propaganda. Ação de chamar ou desviar a atenção do público para alguma coisa, especialmente por meio de anúncios pagos.

Propósito. (1) Algo estabelecido como objeto ou finalidade a ser alcançada; intenção; (2) resolução; determinação.

Proposta. Algo a ser levado em consideração e aceitação; proposta.

Proposta de valor. Mix de bens, serviços, preço e forma de pagamento oferecido por uma empresa aos seus clientes.

Prosperar. (1) Ter sucesso em um empreendimento ou atividade; especialmente, atingir sucesso econômico; (2) fortalecer-se e dar frutos, (3) crescer vigorosamente; florescer; (4) ganhar em riqueza ou posse; prosperar; (5) progredir em direção a ou realizar um objetivo apesar de ou por causa das circunstâncias.

Protocolo. Código que prevê estrita obediência à etiqueta e precedência.

Psicológico. Características mentais ou comportamentais de uma pessoa ou grupo.

Psicossomático. Da mente.

Público. Aberto ao público; manifesto.

Qualificar. Declarar competente ou adequado. Em vendas, significa determinar a capacidade financeira de alguém.

Quantidades. Número considerável.

Queda. Declínio.

Ray Krok. (5 de outubro de 1902 – 14 de janeiro de 1984). Dominou a franquia então pequena do McDonald's e transformou-a na operação de *fast-food* mais bem-sucedida do mundo. Krok figurou na *Time 100*: As Pessoas Mais Importantes do Século, e acumulou a fortuna de US$ 500 milhões durante sua vida. Também era dono do time de *baseball* San Diego Padres, desde 1974.

Razoável. (1) Estar de acordo com a razão (uma teoria razoável); (2) não ser extremo ou excessivo.

Realizar. (1) Alcançar (um resultado) pelo esforço; (2) concluir; (3) ter sucesso.

Reativar. Tornar ativo novamente.

Reativo. Resultado de estresse ou fadiga emocional (de maneira negativa).

Receita. Total de renda produzida por fonte específica.

Recessão. Período de declínio econômico geral, normalmente definido como a contração do PIB durante seis meses (dois trimestres consecutivos) ou mais. Marcada pelo desemprego, salários congelados e pela queda nas vendas. Uma recessão normalmente não dura mais que um ano, e é mais leve que a depressão. Embora as recessões sejam consideradas normais no capitalismo, não há unanimidade entre os especialistas quanto às suas causas.

Reclamar. Criticar duramente em linguagem abusiva ou insolente.

Rede social. Comunidades *on-line* de pessoas que têm os mesmos interesses e/ou atividades, ou que estão interessadas em explorar os interesses e atividades alheios. A maioria dos serviços de redes sociais tem base na *web*, e oferecem uma variedade de opções para que os usuários interajam, como por e-mail e mensagens instantâneas.

Referência. Ato ou ação de fazer referência.

Regra 10X. Conceito baseado na estimativa correta de quanto esforço e pensamento são necessários para fazer qualquer coisa com sucesso. Enquanto outros realizam uma ação, a Regra 10X recomenda que sejam realizadas 10 ações; e que sejam estabelecidas metas 10 vezes maiores do que você imaginou em princípio.

Regras do sucesso. Programa educacional desenvolvido por Grant Cardone que estabelece as leis básicas e ações necessárias para gerar sucesso, entregue em CD ou DVD.

Relacionamento. (1) Relação ligando os participantes de um relacionamento; (2) instância específica ou tipo de afinidade.

Relutância. Mostrar ou sentir aversão, hesitação ou falta de vontade.

Repaginar. Formular novamente; especificamente, deixar de forma mais atraente e eficiente.

Resiliência. Capacidade de tolerar a adversidade, especialmente a capacidade de suportar um esforço prolongado ou atividade.

Resistência. Força oposta ou retardante.

Resposta. Algo que constitui um retorno ou reação.

Restrito. Confinado entre limites; contido.

Restrições. Algo que restringe, como uma regulamentação que restringe.

Retração. Curva descendente, especialmente em relação ao declínio de um negócio ou atividade econômica. Reversão do crescimento.

Reunir. (1) Juntar-se em um grupo fechado; (2) encolher-se; (2) fazer uma consulta.

Revitalizar. Dar nova vida e vigor a.

Ridicularizar. Implica depreciação deliberada, quase sempre maliciosa.

Riqueza. (1) Algo tangível ou intangível que melhora a vida de uma pessoa, família ou grupo; (2) abundância de posses valiosas materiais ou recursos.

Risco. Ação que deixa a pessoa exposta ou sujeita a alguma ação adversa.

Roma Antiga. Uma comunidade pequena e agrícola que se tornou uma das maiores civilizações do mundo antigo. Conflitos internos e ataques externos, por fim, levaram à separação em reinos independentes. A Idade Média acompanhou essa divisão e dispersão.

Rotary Clube. Organização ou serviço de clubes localizado no mundo todo. É uma organização secular aberta a todas as pessoas independentemente de raça, cor, credo ou preferência política. Há mais de 32.000 clubes e mais de 1,2 milhão de membros pelo mundo. Os membros dos Rotary Clubes são chamados de rotarianos. O objetivo da organização é reunir líderes profissionais e executivos para prover serviços humanitários, incentivar padrões de ética em todas as vocações e ajudar a construir a boa vontade e a paz no mundo. Membros se encontram semanalmente para o café-da-manhã, almoço ou jantar, que é um evento social e também uma oportunidade para organizar o trabalho e seus objetivos.

RP (relações públicas). Negócio de induzir o público a entender e querer bem uma pessoa, empresa ou instituição; também o nível de entendimento e aceitação alcançados.

Rússia comunista. O maior partido comunista do mundo, entrou em colapso em 1991.

Saber. (1) Perceber diretamente; reconhecer algo diretamente; (2) compreender; reconhecer a natureza de; discernir; reconhecer como algo já visto previamente; (3) estar familiarizado com; (4) ter experiência em; ter consciência da verdade ou fato; estar convencido ou ter certeza de; ter um entendimento prático de.

Satisfação do cliente. Termo de negócios; uma medida de como os produtos e serviços oferecidos por uma empresa atende ou ultrapassa as expectativas dos clientes. É vista como um indicador chave da performance do negócio, e é parte das quatro perspectivas do *balanced scorecard*.

Segunda entrada. Dinheiro originário de uma segunda venda.

Segunda venda. Venda feita após a primeira venda, como um extra à primeira venda. Não deve ser confundida com a próxima vez que alguém faz uma venda.

Seguridade social. É, antes de tudo, um programa de segurança social que oferece proteção social ou proteção contra condições socialmente reconhecidas, incluindo a pobreza, idade avançada, deficiência, desemprego e outros.

Seletivo. (1) Ato de julgar ou restringir pela escolha; discriminar; (2) altamente específico quanto à atividade.

Sem-vergonha. (1) Não ter vergonha; insensível à desgraça; (2) sem dor emocional causada pela culpa, impropriedade ou erro. (Isso é positivo nesse contexto).

Sensível ao preço. Demonstra preocupação por algo específico, neste caso, o preço.

Sensorial. Relativo à sensação ou aos sentidos.

Sequência. (1) Sucessão contínua (de palavras ou eventos); (2) fornecimento renovado constantemente.

Serviço. Contribuição ao bem-estar alheio. O ato de servir é um ato que beneficia ou é um trabalho útil que não produz um bem tangível, mas beneficia as partes envolvidas de alguma maneira.

Sobreviver. (1) Manter-se vivo ou em existência; seguir vivendo; (2) continuar funcionando ou prosperando (a maioria das pessoas só pensa em sobreviver com dificuldades, mas não é a definição usada aqui).

Socializado. Processo de aprender sobre a cultura de alguém como viver nela (não é bom neste contexto).

Sociedade. Grupo de seres humanos caracterizados por padrões de relacionamento entre indivíduos que compartilham culturas ou instituições características.

Solicitar. Tentar obter, normalmente por meio de pedidos urgentes.

Solução. (1) Ação ou processo de solucionar um problema; (2) resposta a um problema.

Soma total. Resultado final; totalidade.

Steve Jobs. Cofundador e antigo CEO da Apple.

Sucesso. Atingir uma meta ou metas que a pessoa estabeleceu para si mesma. De acordo com este autor, há três fatores para o sucesso: é importante, é sua obrigação, e não pode haver falta dele.

Suficiente. Suficiente para ir de encontro às necessidades de uma situação ou fim.

Superfanático. Entusiasta ardente a ponto de ser agressivo; alguém que vai com tudo!

Suprimir. (1) Colocar para baixo por autoridade ou força; (2) subjugar; restringir de uma ação usual; (3) inibir o crescimento ou desenvolvimento de.

Tarefas. Ações específicas ou quantidade de trabalho transmitido ou assumido, como se fosse dado por uma autoridade.

Taxa de desemprego. Porcentagem do total da mão de obra desempregada que procura por um trabalho remunerado. A taxa de desemprego é uma das estatísticas mais observadas porque, quando crescente, é vista como um sinal de enfraquecimento da economia que pode atrair um corte nos juros. Da mesma maneira, a queda na taxa de desemprego indica que a economia está crescendo, o que normalmente é acompanhado por maior inflação e, consequentemente, aumento nos juros.

Ter fome. (1) Estar com vontade, ávido (por exemplo, com fome de amor); (2) muito motivado (por ambição).

Término. (1) Cessar a existência ou atividade; (2) perda de posição ou *status*.

Teste. Performance para testar os méritos de um animador de palco.

Toxina. Substância venenosa que é um produto específico das atividades metabólicas de um organismo vivo; costuma ser instável, tóxica quando introduzida nos tecidos, e tipicamente capaz de induzir a formação do anticorpo.

Trancado. Impedido de mover-se; fixo.

Treinamento. (1) Ato, processo ou método de alguém que treina; (2) habilidade, conhecimento ou experiência adquirido por aquele que treina.

Trimestre. Divisão de três meses do ano.

Uau. Usado para expressar um forte sentimento (de prazer ou surpresa).

Único. (1) Não ter igual ou comparação; incomparável; (2) característica distinta.

Valor. Valor, utilidade ou importância relativa.

Valor agregado. Criação de vantagem competitiva ao combinar e anexar características e benefícios que levam à maior aceitação do cliente.

Veia. Leito de água mineral.

Venda. Contrato envolvendo a transferência de posse (título) de um bem ou propriedade ou o direito a um serviço em troca de dinheiro ou valor. Elementos essenciais que devem estar presentes em uma venda são: (a) competência tanto do comprador quanto do vendedor para assinar um contrato, (b) acordo mútuo dos termos de troca, (c) algo passível de ser transferido, e (d) quantia em dinheiro (ou equivalente) paga ou prometida.

Venda assistida. Usar a informação para ajudar o cliente e as vendas em geral para que o processo seja fácil e rápido.

Vender. Considerado por muitos como um tipo de "arte" persuasiva. Ao contrário da crença popular, a abordagem metodológica das vendas se refere ao processo sistemático de eventos repetitivos e mensuráveis pelos quais um vendedor oferece seu produto ou serviço, em troca permite que o comprador atinja seu objetivo de forma econômica. Nos negócios, "nada acontece até que alguém venda alguma coisa".

Vender na rua. (1) Vender ou oferecer de porta em porta; (2) espalhar ou tentar disseminar; (3) oferecer ou promover como valioso.

Vendor. Manufaturador, produtor ou vendedor.

Verbalizar. Expressar algo com palavras.

Viagem de foguete. Experiência que, devido a certas ações, seria como uma viagem rápida, como num foguete.

Vikings. Comerciantes e aventureiros nórdicos que comandavam os oceanos na época medieval, mas cuja cultura e atividades desapareceram durante a expansão do Cristianismo.

Vince Lombardi. (11 de junho de 1913 – 3 de setembro de 1970). Era técnico do Green Bay Packers de 1959 to 1967; venceu cinco campeonatos em nove anos. Após um ano de afastamento, em 1968, voltou como técnico do Washington Redskins para a temporada de 1969.

Vontade. (1) Inclinado ou favorecido em mente; (2) pronto a agir ou responder.

Wachovia Bank. Com base em Charlotte, Carolina do Norte, era um serviço diversificado e próprio subsidiário do Wells Fargo. A *Wachovia Corporation* foi comprada pela Wells Fargo em 31 de dezembro de 2008, e deixou de ser uma instituição independente nesta data. Nos três anos seguintes, a marca *Wachovia* absorveu a marca *Wells Fargo*. As ações da *Wachovia Corporation* foram vendidas na bolsa de Nova York com a marca *WB*.

Wall Street. Filme de 1987 sobre um jovem corretor da bolsa que se torna aprendiz de um empresário hostil e imoral.

Wal-Mart. Empresa pública americana que gerencia uma rede de grandes lojas de departamento. É a maior empresa pública do mundo, de acordo com a *Fortune Global 500* de 2008. Fundada por

Sam Walton em 1962, foi incorporada em 31 de outubro de 1969 e integrou a bolsa de valores de Nova York em 1972. É a maior empregadora do mundo, e a terceira maior empregadora no ramo de utilidades.

Warren Buffet. Investidor mais bem-sucedido do mundo. De origem simples, trabalhou vendendo jornais de porta em porta. Atualmente, é listado como uma das cinco pessoas mais ricas do mundo.

Washington Mutual (WaMu). Instituição financeira, antiga dona do *Washington Mutual Banck*, que era a maior associação de poupança e crédito dos Estados Unidos. Em 25 de setembro de 2008, o *Office of Thrift Supervision* (OTS) tomou o *Washington Mutual Bank* da *Washington Mutual Inc.*, e deixou sob o controle do *Federal Deposit Insurance Corporation* (FDIC). O OTS retirou a ação devido à retirada de US$ 16,4 bilhões durante uma corrida aos bancos de 10 dias, em 30 de junho de 2008.

World Trade Center. Às vezes chamado de WTC ou Torres Gêmeas. Um complexo em Manhattan que teve os sete prédios destruídos em 11 de setembro de 2001 após os ataques terroristas. O local atualmente está sendo reconstruído com seis novos arranha-céus, e um memorial às vítimas dos ataques.

Xbox. Console de vídeo-game produzido pela *Microsoft*. Foi a primeira empreitada da *Microsoft* no ramo dos consoles, competindo com o *Playstation 2*, da *Sony*, e com os aparelhos da *Nintendo*. O *Xbox Live Service* faz com que os jogadores façam partidas on-line.

Zumbi. Pessoa que se parece com os conhecidos mortos-vivos.

Sobre o autor

Grant Cardone é autor de *best-sellers* do *New York Times* e especialista internacionalmente reconhecido em treinamento de vendas. Está sempre nos canais *CNBC, MSNBC, Fox News* e *Fox Business*. Também é colaborador do *Huffington Post*. Joan Rivers recentemente fez um episódio sobre ele e sua família no seu programa *How Did You Get So Rich?* (em português, Como Você Ficou Tão Rico?).

Cardone tem trabalhado com empresas do mundo todo há 25 anos, customizando e oferecendo programas e sistemas de vendas para melhorar os processos e aumentar o retorno delas. Deu palestras nas cidades mais importantes dos Estados Unidos e Canadá, Brasil, Caribe, Áustria, Inglaterra e Austrália. Suas metodologias estão sendo utilizadas em negócios na Irlanda, Rússia, Taiwan e também no Cazaquistão. Seus livros estão sendo traduzidos para várias línguas, incluindo alemão e chinês. Ele desenvolveu um site de treinamento virtual de vendas sob demanda para a indústria automobilística (www.salestrainingvt.com) e está lançando um site parecido para pessoas e outras organizações de vendas (www.cardoneuniversity.com).

Pessoas vêm do mundo todo participar de seus seminários de um dia. Seu primeiro livro, *Sell to Survive* (em português, Venda para Sobreviver), chegou ao 1% dos livros autopublicados mais vendidos e é considerado "o livro definitivo sobre vendas para o século 21". Um leitor disse: "A informação contida em *Sell to Survive* é a primeira novidade escrita em 50 anos!". Outro afirmou: "Depois de ter lido muitos livros de vendas, este se destaca em relação a qualquer outro". Seu primeiro livro publicado, *If You're Not First, You're Last* (sem publicação em português), recentemente tornou-se um *best-seller* pelo *New York Times*.

Cardone também demonstrou sua competência no mundo real dos negócios. É dono de três empresas bem-sucedidas que começaram de uma ideia e nenhum dinheiro, somente muito trabalho.

Além de seus empreendimentos, Cardone é muito envolvido em atividades filantrópicas e foi reconhecido pelo Senado e Congresso dos Estados Unidos, assim como pelo prefeito de Los Angeles, entre outros. Recentemente, foi agraciado com o prêmio Rajiv Gandhi por seus esforços para unir empresas indianas e norte-americanas, e também com o Distinguished Alumni Award, da *McNeese State College*, onde recebeu seu diploma de Contabilidade.

Vive em Los Angeles com sua esposa, a atriz e produtora Elena Lyons, e sua filha, Sabrina Francesca.

Índice